LE CORPS HUMAIN

par M. KEEN

Illustrations de D. SWEET

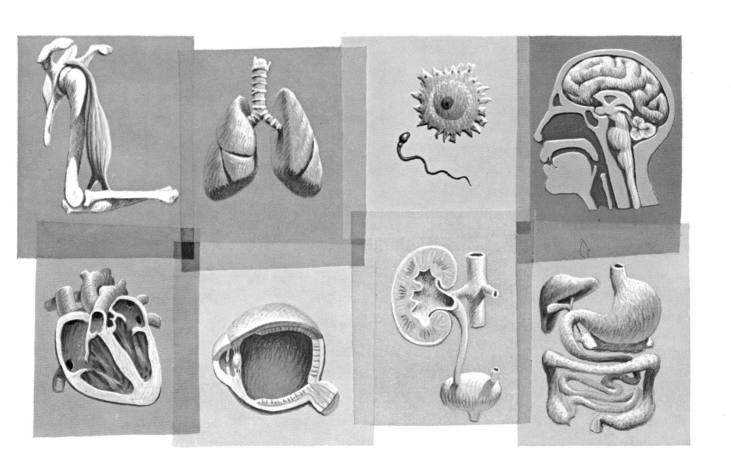

D1391648

ÉDITIONS CHANTECLER

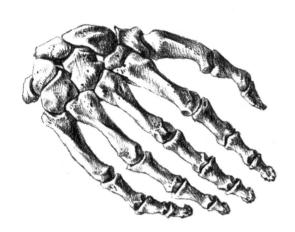

INTRODUCTION

Le rôle des savants est d'explorer, de décrire et d'expliquer tout ce qui existe dans l'univers. Nous ne devons donc pas nous étonner que le corps humain ait fait l'objet de recherches continuelles, car non seulement il est important, mais il nous touche de très près ! Ce livre va nous donner, classées de façon ordonnée, les découvertes les plus importantes faites par les spécialistes sur ce sujet.

Si vous écoutiez, simplement avec un stéthoscope, les battements du cœur, vous pourriez croire qu'il s'agit d'une machine automatique, mais si vous pouviez percevoir les activités remarquables des cellules du cerveau, vous comprendriez que le corps humain est beaucoup plus qu'une machine. Et quand vous aurez appris la façon dont tous les systèmes divers fonctionnent en harmonie, vous serez stupéfait de voir la merveille qu'est notre organisme. C'est pourquoi son étude est comme un voyage d'exploration passionnant et, bien que beaucoup de choses soient connues depuis des siècles, que beaucoup d'autres soient découvertes chaque année, il reste de nombreuses questions sans réponse.

La santé et le bien-être de chacun dépend des connaissances que nous avons sur notre propre corps. Ce livre a été écrit pour vous aider à en savoir le plus possible et pour inciter peut-être beaucoup d'entre vous à choisir une profession consacrée à préserver la santé des autres, comme infirmière ou médecin. Parents et écoles tiendront à ajouter *LE CORPS HUMAIN* à la collection sans cesse enrichie des publications de cette série.

TABLE DES MATIÈRES

LA CELLULE, MATÉRIAU DE CONSTRUCTION DU CORPS

Qu'est-ce que tous les êtres vivants ont en commun ? 4
A quoi ressemblent les cellules ? 5
Quelles sont les différentes parties d'une cellule ? 5
De quoi est faite la cellule ? 5
Comment les cellules sont-elles organisées dans un corps humain ? 6
En quoi le corps ressemble-t-il à une machine ? 6
Pourquoi le corps est-il plus utile qu'une machine ? 7

LA PEAU

Quelle surface de peau y a-t-il sur un corps humain ? 7
Quelles sont les diverses parties de la peau ? 7
Que fait la peau ? 8

LES OS

A quoi sert le squelette ? 9
Quelle est la structure d'un os ?........... 10
Combien y a-t-il d'os dans le corps humain ? 10
Comment les os sont-ils reliés ? 11
Qu'est-ce qui maintient les os ensemble ? 11
Que sont les ligaments ? 12

L'APPAREIL MUSCULAIRE

Que sont les muscles ? 12
Comment voir les fibres des muscles ? 13
Comment les muscles sont-ils attachés aux os ? 13
Quelles sont les deux sortes de muscles ? ... 14
Quelles sont les différences entre les muscles ? 14
Comment les muscles bougent-ils ? 15
Comment fonctionnent les articulations ?.... 15

LE CERVEAU ET LES NERFS

Qu'est-ce qui contrôle les mouvements du corps ? 16
Qu'est-ce que le cerveau ? 16
Qu'est-ce que le cervelet ? 16
Qu'est-ce que le bulbe rachidien ? 18
A quoi ressemble la moelle épinière ? 18
En quoi le système nerveux ressemble-t-il à un téléphone de campagne ? 18
Qu'est-ce qu'une cellule nerveuse ? 20
Quelles sont les parties d'un neurone ? 20
Qu'est-ce qu'un réflexe ? 22
Quelle est l'utilité des actes réflexes ? 22
Comment provoquer un acte réflexe ? 22

LES SENS

Qu'est-ce que les sens ? 23
A quoi ressemble un œil ? 23
Comment voyons-nous ? 24
Qu'est-ce que le point aveugle ? 24
Pourquoi voyons-nous mieux avec deux yeux qu'avec un ? 24
A quoi ressemble l'oreille ? 25
Comment entendons-nous ? 26
Pourquoi entendons-nous mieux avec deux oreilles qu'avec une ? 26

Pourquoi sentons-nous les odeurs ? 26
L'odorat peut-il « se fatiguer » ou « se perdre » ? 27
Comment goûtons-nous ? 28
Comment fonctionne le sens du toucher ? ... 29
Toutes les régions de la peau sont-elles aussi sensibles ? 29

L'APPAREIL DIGESTIF

Comment le corps utilise-t-il les aliments ? .. 30
Où commence la digestion ? 30
Comment les dents aident-elles à la digestion ? 30
Qu'est-ce qu'un hydrate de carbone ? 30
Qu'est-ce que les graisses ?............... 31
Qu'est-ce que les protéines ? 32
Qu'est-ce qu'une vitamine ? 32
Qu'est-ce qu'un minéral ? 32
Comment s'opère la digestion ? 33
Quel est le rôle de l'intestin grêle ? 34

L'APPAREIL CIRCULATOIRE

Quel est le travail du cœur ?............... 34
A quoi ressemble le cœur ? 35
Comment peut-on entendre les battements du cœur ? 35
Quel travail fait le sang ? 36
Que sont les globules rouges ? 37
Comment le sang combat-il les maladies ? ... 38
Comment se coagule le sang ? 38
Comment le sang se déplace-t-il dans le corps ? 39

L'APPAREIL RESPIRATOIRE

Pourquoi respirons-nous ? 40
Comment construire un modèle de l'appareil respiratoire ? 42
Quelle est l'importance de l'air pour les cellules du corps ? 42
Pourquoi respire-t-on plus profondément quand on court ? 42

SÉCRÉTIONS ET EXCRÉTIONS

Que font les liquides dans le corps ? 43
Comment les reins nous aident-ils ? 43

APPAREIL REPRODUCTEUR

Comment les cellules se reproduisent-elles ? . 44
Comment s'opère la reproduction ? 44

VOTRE CORPS ET VOTRE PERSONNE

Pourquoi le corps humain est-il plus qu'une machine ? 46
Qu'est-ce qu'une émotion ? 46

LES SOINS DU CORPS

Nécessité de l'exercice 47
Nécessité du repos...................... 47
Soins de la peau 47
Soins des yeux 47
Soins des cheveux et des ongles........... 48
Soins des oreilles 48
Soins des dents 48

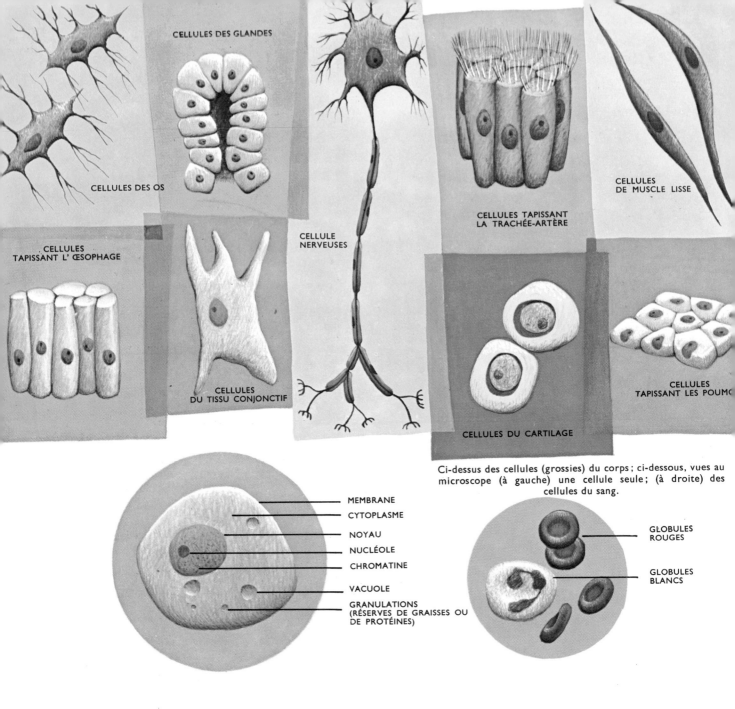

CELLULES DES GLANDES

CELLULES DES OS

CELLULES
TAPISSANT L' ŒSOPHAGE

CELLULES
DU TISSU CONJONCTIF

CELLULE
NERVEUSES

CELLULES TAPISSANT
LA TRACHÉE-ARTÈRE

CELLULES
DE MUSCLE LISSE

CELLULES DU CARTILAGE

CELLULES
TAPISSANT LES POUMO

MEMBRANE
CYTOPLASME
NOYAU
NUCLÉOLE
CHROMATINE
VACUOLE
GRANULATIONS
(RÉSERVES DE GRAISSES OU
DE PROTÉINES)

GLOBULES
ROUGES

GLOBULES
BLANCS

Ci-dessus des cellules (grossies) du corps ; ci-dessous, vues au microscope (à gauche) une cellule seule ; (à droite) des cellules du sang.

LA CELLULE, MATÉRIAU DE CONSTRUCTION DU CORPS

Qu'est-ce que tous les êtres vivants ont en commun ?

Vous êtes peut-être allé dans un zoo, à un moment ou à un autre. Là, vous avez vu des éléphants énormes, des girafes immenses, des petits singes cocasses, des oiseaux étranges et toute sorte d'autres animaux. Ils étaient si différents les uns des autres que vous avez sûrement pensé qu'ils n'avaient à peu près rien de commun.

Et pourtant si. Tous les êtres vivants sont faits de *cellules*. Le gigantesque éléphant en a des centaines de milliards et il existe des animaux si petits que leur corps n'en comporte qu'une seule. Le

4

corps humain aussi est fait de cellules — par milliards.

A quoi ressemblent les cellules ?

La plupart sont si petites qu'il faut des verres grossissants très puissants pour les voir. Certaines, il est vrai, sont assez grosses pour être visibles à l'œil nu et parmi elles on peut citer celles du chevelu sur les racines des plantes, de quelques algues et des œufs d'animaux. Mais d'autres sont si minuscules qu'il en tiendrait 250.000 sur le point à la fin de cette phrase.

Les cellules ont des formes très variées : en forme de briques aux coins arrondis, sphériques, allongées comme des cheveux, en forme de plaques, de cylindres, de rubans ou de spirales.

Quelles sont les différentes parties d'une cellule ?

Si l'on regarde au microscope une cellule du corps humain, on voit qu'elle est entourée d'une *membrane*. Celle-ci l'entoure comme un ballon entoure l'air qu'il contient. A l'intérieur de la membrane, le *cytoplasme*, matière à l'aspect granuleux, est mobile, ce qui lui permet de distribuer, la nourriture dans la cellule et de débarrasser celle-ci de ses déchets.

Dans le cytoplasme, on aperçoit un gros point. Il s'agit en réalité d'une sphère, appelée *noyau*. C'est la partie la plus importante de la cellule, celle qui dirige toutes les activités de sa vie. La façon dont la cellule utilise la nourriture et l'oxygène, la façon dont le cytoplasme se débarrasse des déchets et dont la cellule se reproduit — toutes ces fonctions sont réglées par le noyau. S'il est retiré, la cellule meurt.

De quoi est faite la cellule ?

La membrane, le cytoplasme et le noyau de toutes les cellules sont faits d'une matière appelée protoplasme. C'est une matière vivante et grâce à elle la cellule aussi « vit ». Les savants ont analysé le protoplasme pour savoir de quoi il était fait lui-même et ils ont découvert, dans sa composition, de l'eau ainsi que beaucoup

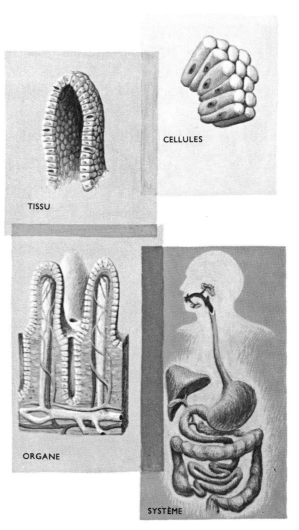

TISSU

CELLULES

ORGANE

SYSTÈME

Les éléments minuscules sont des cellules; un groupe de cellules forme un tissu; les tissus constituent un organe; les organes deviennent un système unifié.

L'amibe est une masse minuscule de protoplasme. Elle est représentée ci-dessus entourant un organisme pour s'en nourrir

d'autres substances chimiques. Ils connaissent très bien toutes ces substances, ils savent combien il y a de chacune dans le protoplasme, mais jusqu'à présent, aucun n'a pu les combiner de manière à obtenir du protoplasme vivant. C'est là un fait qui nous montre à quel point cette matière est complexe.

Comment les cellules sont-elles organisées dans un corps humain ?

Les cellules ne diffèrent pas seulement par leurs formes mais aussi par le rôle que chacune remplit dans un corps. Un groupe de cellules toutes du même type, qui fait une besogne déterminée, s'appelle un *tissu*. Par exemple, les groupes de cellules qui transmettent les influx du cerveau aux autres parties du corps et inversement constituent le tissu nerveux. D'autres forment le tissu musculaire, conjonctif ou épithélial. Ce dernier se trouve à la surface de la peau et tapisse aussi les cavités du corps, telles que le nez, la gorge, l'œsophage et l'estomac.

Quand plusieurs sortes de tissus différents sont associés pour accomplir une tâche précise, on dit qu'ils forment un *organe*. L'œil est l'organe qui assure la fonction de la vision. Il est composé de nombreuses parties et chacune est faite d'un tissu différent. Quand tous les tissus travaillent ensemble, chacun d'eux remplissant la mission qui lui est propre, l'organe, c'est-à-dire l'œil, peut remplir sa fonction. D'autres exemples d'organes sont le cœur, le foie, la langue, les poumons, etc. Les organes eux-mêmes sont organisés en *systèmes* ou *appareils* unifiés et chaque système remplit lui aussi un rôle déterminé dans le corps. Par exemple, l'appareil digestif, qui comprend la bouche, les dents, l'œsophage, l'estomac, les intestins et de nombreuses glandes, digère les aliments.

En quoi le corps ressemble-t-il à une machine ?

Vous avez peut-être entendu dire à un garagiste que le système de freinage, ou de refroidissement, ou d'allumage de votre voiture avait besoin d'être réparé. Chacun de ces ensembles est composé de plusieurs pièces et chacun a une besogne bien déterminée à accomplir. Tous doivent fonctionner ensemble pour que la voiture marche. Vous voyez maintenant que les systèmes mécaniques de l'automobile et les systèmes organiques du corps humain se ressemblent.

Ce dernier est une machine merveilleuse, beaucoup plus compliquée, beaucoup mieux faite, capable d'exécuter beaucoup plus de travaux différents dans beaucoup plus de circonstances différentes que n'importe laquelle de celles que l'homme a construites jusqu'à présent.

Pourquoi le corps est-il plus utile qu'une machine ?

L'homme a construit des calculatrices électroniques géantes qui trouvent la solution des problèmes mathématiques incomparablement plus vite que ne le ferait le cerveau humain. Mais ces énormes machines ne peuvent que calculer, elles sont incapables de choisir les problèmes à résoudre ou le moment où il faut y travailler comme le fait le cerveau humain, plus lent mais capable des activités les plus diverses.

Le « cerveau » électronique comporte des milliers de pièces, mais leur nombre ne peut même pas se comparer aux centaines de milliards de cellules qui composent le corps humain. Si la calculatrice tombe en panne, elle est obligée d'attendre qu'un spécialiste vienne la réparer. Une déchirure ou une coupure dans une partie du corps humain se répare souvent toute seule.

Voyons en détail comment fonctionne cette merveilleuse machine qu'est notre corps.

Quelle surface de peau y a-t-il sur un corps humain ?

Quand on regarde un corps humain la première chose que l'on voit, c'est la *peau*. L'adulte moyen a une superficie cutanée (cet adjectif vient de *cutis*, un mot latin qui signifie peau) d'environ 1,75 m². L'épaisseur de la peau est variable. Très mince sur les paupières, elle devient fort épaisse sur la paume des mains et la plante des pieds.

Quelles sont les diverses parties de la peau ?

La peau est composée de deux couches. Celle du dessus s'appelle l'*épiderme*. Elle est faite de cellules mortes, aplaties, qui se détachent continuellement

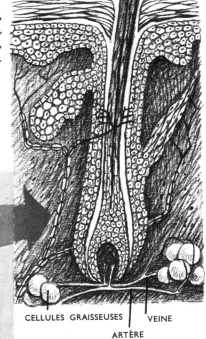

CHEVEU

Coupe d'un cheveu, montrant le follicule, ouverture ou dépression, où le cheveu prend racine.

CELLULES GRAISSEUSES — VEINE
ARTÈRE

Une coupe de la peau humaine (à gauche) montre l'épiderme (couche superficielle) et le derme. La peau constitue l'un des organes du corps ayant les plus grandes dimensions.

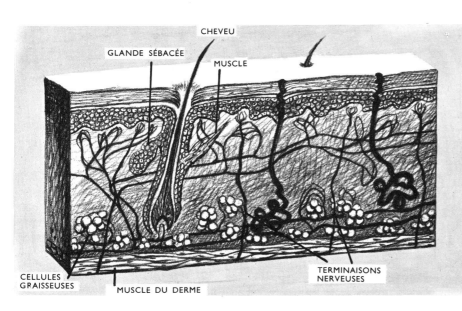

CHEVEU
GLANDE SÉBACÉE
MUSCLE
CELLULES GRAISSEUSES
MUSCLE DU DERME
TERMINAISONS NERVEUSES

au fur et à mesure de nos mouvements. A la base de l'épiderme se trouvent des cellules vivantes qui meurent et remplacent celles de la surface, constamment usées et arrachées.

Au-dessous de l'épiderme, le *derme*, lui, est fait entièrement de cellules vivantes. Il contient de très nombreuses terminaisons de nerfs et de petits vaisseaux sanguins. De minuscules tubes pelotonnés à leur base s'ouvrent dans l'épiderme : ce sont les *glandes sudoripares* (qui produisent la sueur) et leurs ouvertures sont les *pores*. Les poils et les duvets que nous voyons sur la peau ont leurs racines dans le derme. Les ouvertures d'où ils sortent s'appellent des follicules.

Que fait la peau ? La peau fournit au corps une enveloppe protectrice qui n'est traversée ni par l'air, ni par l'eau, ni même par les microbes quand elle est sans déchirure.

Le pigment, ou matière colorante qu'elle contient, fait écran à certaines radiations dangereuses du soleil.

La peau aide aussi à régulariser la température du corps. Quand la surface de celui-ci est froide, les vaisseaux sanguins

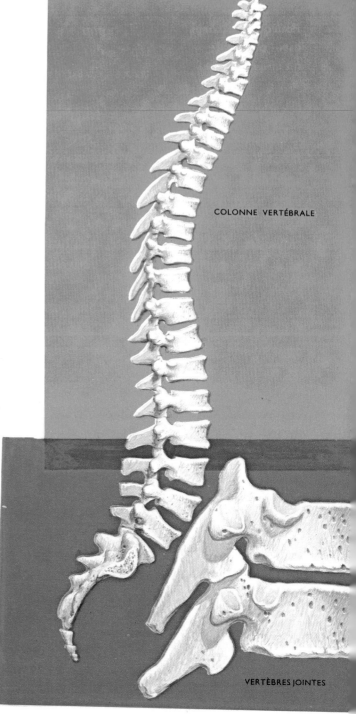

COLONNE VERTÉBRALE

VERTÈBRES JOINTES

Coupe d'un os humain. Les adultes ont 206 os.

de la peau se contractent et refoulent le sang vers les profondeurs du corps, ce qui l'empêche de perdre trop de sa chaleur par radiation. Quand le corps est trop chaud, ces mêmes vaisseaux sanguins se dilatent et amènent plus de sang vers la surface de la peau, ce qui permet une perte de chaleur par radiation. De plus, les glandes sudoripares, produisent de la sueur qui se répand sur la peau et s'évapore ; or l'évaporation provoque toujours un rafraîchissement et

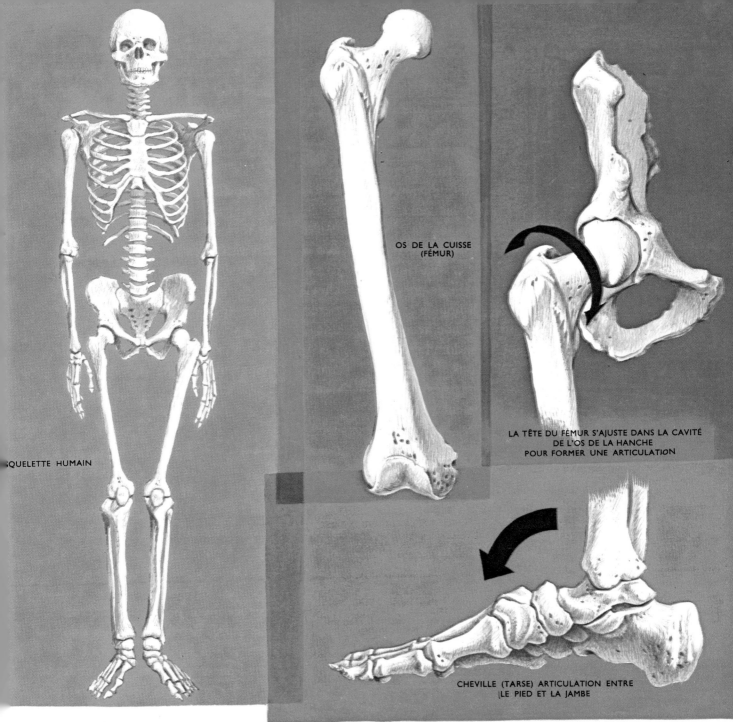

SQUELETTE HUMAIN

OS DE LA CUISSE
(FÉMUR)

LA TÊTE DU FÉMUR S'AJUSTE DANS LA CAVITÉ
DE L'OS DE LA HANCHE
POUR FORMER UNE ARTICULATION

CHEVILLE (TARSE) ARTICULATION ENTRE
LE PIED ET LA JAMBE

la température du corps se trouve ainsi abaissée. En outre, la sueur en s'écoulant entraîne avec elle certains déchets qui ont été dissous.

La peau est aussi un organe des sens parce qu'elle contient beaucoup de terminaisons nerveuses. Bien que très souvent, la peau ne soit pas considérée comme un organe, vous voyez qu'elle en est bien un, par sa structure et toutes les fonctions qu'elle accomplit pour l'ensemble du corps.

LES OS

A quoi sert le squelette ?

Quand on retire les piquets d'une tente, elle s'aplatit. Les montants soutiennent la toile molle d'une part et, d'autre part, ils aident à donner une forme à l'ensemble. Les *os* du squelette humain, eux aussi, soutiennent les parties molles

9

du corps et lui donnent sa forme générale. Si l'on retirait brusquement cette sorte de charpente, le corps tomberait sur le sol en une masse informe.

Les os aident aussi à protéger les parties molles du corps. Le crâne constitue une boîte solide pour le cerveau très fragile. Les deux arcades sourcillières qui avancent à la base du front protègent les yeux. La colonne vertébrale est comme un étui osseux autour de la moelle épinière si délicate. Les côtes, dures et élastiques, forment une cage dans laquelle le cœur et les poumons sont à l'abri. Si nous n'avions pas de côtes, même un petit choc avec une autre personne suffirait à endommager le cœur ou à aplatir les poumons.

Les os fournissent aussi des points d'appui où les muscles viennent s'attacher et l'ensemble constitue des leviers qui permettent les mouvements des membres.

Les os accomplissent encore deux autres fonctions dans notre corps : la partie intérieure de certains d'entre eux fabrique des globules du sang et ils constituent le principal réservoir de calcium, élément chimique très important pour la santé de notre organisme.

Quelle est la structure d'un os ? Si vous regardez la coupe d'un os, vous voyez qu'il est fait de deux sortes principales de matière : celle de l'extérieur est dense, dure — celle de l'intérieur est spongieuse, poreuse. La première, qui donne sa forme et sa rigidité à l'os, contient surtout des composés de *calcium* et de *phosphore*. L'intérieur mou s'appelle la *moelle*. La plupart du temps jaunâtre, elle constitue simplement un réservoir où sont entreposées les graisses. Vers les extrémités des os longs, comme ceux des bras ou des jambes et en général à l'intérieur des os

plats, comme ceux du crâne ou de la colonne vertébrale, on trouve des plaques et des traînées de tissu rougeâtre. Ce sont des globules rouges du sang qui lui donnent sa couleur.

Les os longs ont généralement une forme cylindrique. La partie allongée et ronde de ces os, s'appelle la diaphyse. Les extrémités ou *têtes* sont plus épaisses que le corps et leur forme leur permet de s'ajuster avec les extrémités des os avoisinants. Les os courts comme ceux du poignet et de la cheville sont surtout composés d'une matière élastique, spongieuse, recouverte par une mince couche de tissu osseux dur. Les os plats comme les côtes sont faits de matière spongieuse entre deux plaques d'os dur.

Combien y a-t-il d'os dans le corps humain ? Un bébé a jusqu'à 350 os distincts, mais à mesure qu'il grandit, beaucoup se soudent les uns aux autres, si bien qu'un adulte normal n'en a que 206. Mais il arrive que certains en aient un ou deux de plus parce que les soudures ne se sont pas faites correctement pendant leur croissance. Parfois aussi, ils en ont un ou deux de moins, parce que les soudures ont été poussées trop loin et deux os du poignet ou de la cheville qui auraient dû rester séparés se sont réunis.

La tête comporte vingt-neuf os. La partie ronde qui renferme le cerveau et que l'on appelle la *boîte crânienne* en compte huit. Le visage, y compris le maxillaire inférieur, en comprend quatorze ; il y en a trois, minuscules, dans chaque oreille et un seul — l'os *hyoïde* — dans la gorge.

La colonne vertébrale, elle, est faite de vingt-six cylindres troués au milieu appelés vertèbres. Si vous enfilez vingt-six bobines

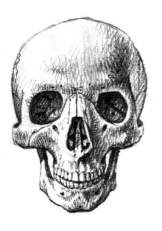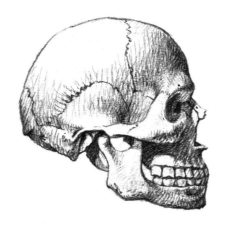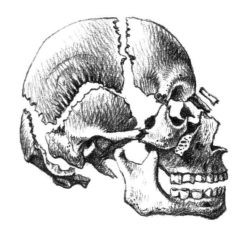

Crâne humain vu de face (à gauche) ; de profil (au centre) ; de profil avec les os disjoints (à droite). La boîte crânienne qui contient le cerveau est composée d'os soudés entre eux.

sur un fil de fer raide en forme de S très ouvert, vous construirez quelque chose qui ressemblera beaucoup à une colonne vertébrale humaine.

Dans la poitrine, on trouve vingt-cinq os : le *sternum* en forme de glaive sur le devant du torse et vingt-quatre côtes. Sept paires de ces dernières sont attachées à la colonne vertébrale d'un côté et au sternum de l'autre ; trois autres paires tiennent seulement à la colonne vertébrale et s'arrondissent jusque devant la poitrine, mais sans toucher le sternum ; les deux dernières vers le bas, ou *côtes flottantes*, partent de la colonne vertébrale et se terminent librement sur les côtés du tronc.

Il y a deux *clavicules* et deux *omoplates*. Chaque bras est composé d'un os qui s'articule avec l'omoplate et de deux os dans l'avant-bras. Le poignet renferme seize pièces ; la paume de chaque main, dix et les doigts, vingt-huit. Il y a deux *os iliaques*. Chaque jambe comprend un *fémur*, une *rotule* et deux os au-dessous du genou : le *tibia* et le *péroné*. Le squelette du pied est divisé en trois parties : le cou-de-pied avec quatorze os, le pied lui-même avec dix et les orteils avec vingt-huit.

Comment les os sont-ils reliés ?

Tous les os du corps — à l'exception d'un seul — sont reliés les uns aux autres. L'exception est l'os hyoïde, en forme d'U, qui se trouve dans la gorge.

Les endroits où les os se rejoignent sont les *articulations*. Elles sont de deux sortes : immobiles (on les appelle *sutures*) quand les deux os joints ne peuvent pas se déplacer, ou mobiles quand ils ont assez de jeu pour permettre des mouvements. Dans la première catégorie, on peut ranger les os du crâne et dans la seconde, ceux des membres.

Qu'est-ce qui maintient les os ensemble ?

Pour lier ces os, il y a une sorte de tissu élastique très résistant, le *cartilage*. C'est lui également qui maintient les os de la colonne vertébrale, assez pour que l'ensemble soit solide, mais assez peu pour qu'il garde une certaine souplesse. L'élasticité de ce tissu lui permet d'absorber les chocs. Si la base de la colonne vertébrale reçoit un coup, les disques de cartilage fibreux placés entre chaque vertèbre amor-

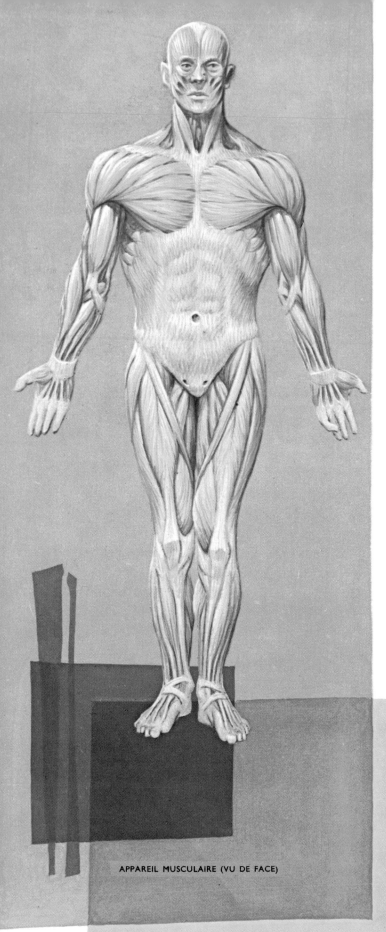

tissent le choc et le cerveau ne le ressent pas. Si ils n'étaient pas là, chaque fois que vous faites un pas, votre cerveau serait ébranlé.

Que sont les ligaments ? Les os des articulations mobiles sont « ficelés » par des fibres solides appelés *ligaments*. Pour faciliter le mouvement, l'un des deux os voisins au moins possède une petite cavité contenant un liquide lubrifiant. Celui-ci aide les os à glisser l'un sur l'autre tout comme l'huile aide au jeu des différentes pièces d'une machine.

Tous les os du corps, ainsi que les cartilages et les ligaments qui les relient, constituent le squelette du corps.

L'APPAREIL MUSCULAIRE

Que sont les muscles ? Les os de notre corps n'ont pas le moyen de se déplacer. Il faut que ce soient les muscles qui fassent mouvoir les différentes parties du squelette. Ils

APPAREIL MUSCULAIRE (VU DE FACE)

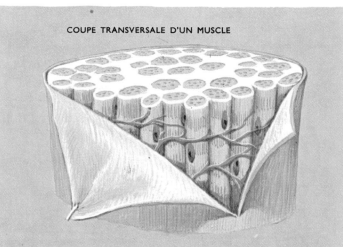

COUPE TRANSVERSALE D'UN MUSCLE

constituent plus de la moitié du poids de notre corps et leur nombre dépasse 600.

Les muscles sont faits de faisceaux de tissu fortement reliés les uns aux autres. Le tissu musculaire est très fibreux, aussi le muscle ressemble-t-il assez à un paquet d'élastiques attachés ensemble.

Comment voir les fibres des muscles ?

La viande de bœuf n'est autre que du muscle de cet animal. Avec une épingle, détachez-en un petit morceau. Il vous sera facile de séparer cette chair en longs fils minces qui sont en réalité des fibres de tissu musculaire. Si vous avez un microscope, placez l'une d'elles entre deux plaques de verre et glissez-la sur la platine. Vous verrez alors que le tissu est fait de cellules en forme de fuseau.

Comment les muscles sont-ils attachés aux os ?

Un muscle caractéristique est renflé au milieu et s'effile graduellement vers les extrémités. Ce sont ces extrémités qui sont attachées aux os. L'une d'elles est fixée à un os que le muscle ne peut pas

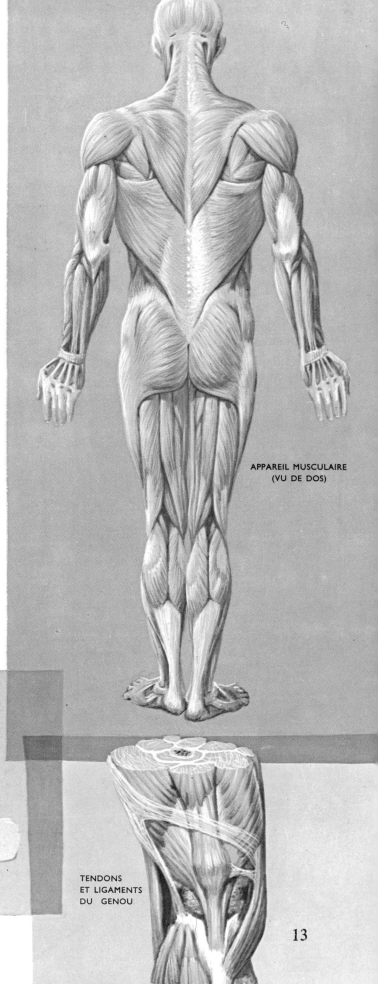

APPAREIL MUSCULAIRE
(VU DE DOS)

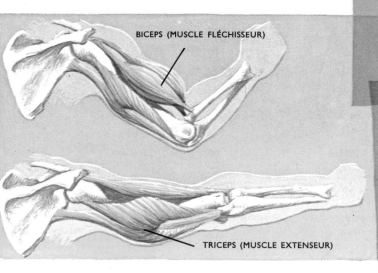

BICEPS (MUSCLE FLÉCHISSEUR)

TRICEPS (MUSCLE EXTENSEUR)

TENDONS ET LIGAMENTS DU GENOU

13

déplacer. Ce point fixe s'appelle l'*origine* du muscle. L'autre bout est attaché à un os que le muscle est destiné à déplacer : c'est l'*insertion* du muscle. Par exemple le muscle situé sur la face avant du bras — le *biceps* — a son origine à l'omoplate et son insertion juste au-dessous du coude, sur l'os de l'avant-bras qui correspond au pouce. La fixation du muscle à l'os est en général effectuée par un cordon court et résistant d'un tissu qui ressemble beaucoup à celui des ligaments. C'est le *tendon*.

Tous les muscles du corps avec leurs tendons constituent notre système musculaire.

Quelles sont les deux sortes de muscles ?

Les muscles qui déplacent les pièces du squelette sont parmi ceux que nous pouvons faire agir à volonté. On les appelle les *muscles striés, ou de la vie de relation*. Ils comprennent ceux des yeux, de la langue, du voile du palais et de la partie supérieure de l'œsophage. Mais il y a des muscles dans notre corps que nous ne pouvons pas faire agir à volonté, ce sont *les muscles lisses, ou de la vie organique*. Ce type se retrouve dans les parois des veines et des artères, de l'estomac, de l'intestin, de la vésicule biliaire, de la partie inférieure de l'œsophage et de plusieurs autres organes internes. Des milliers de minuscules muscles lisses situés dans la peau agissent sur les cheveux. Quand vous avez froid ou peur, cela vous donne la chair de poule. Eh bien, les petites boules qui soulèvent votre peau sont dues aux muscles minuscules qui se contractent pour redresser les poils.

Quelles sont les différences entre les muscles ?

L'œil fournit un bon exemple de distinction entre muscles striés et lisses. Les premiers permettent de contrôler les mouvements de l'œil pour regarder dans la direction voulue. Mais par contre, le muscle qui contracte ou dilate la pupille n'est pas soumis à la volonté. Il appartient à la deuxième catégorie.

Mais cette distinction n'est pas toujours valable. Par exemple, quand vous frissonnez de froid ou de peur, les muscles qui secouent votre corps sont bien soumis à votre volonté en temps ordinaire, mais quand vous frissonnez, vous ne pouvez plus contrôler ni le déclenchement, ni l'arrêt de leur fonctionnement. Ils agissent

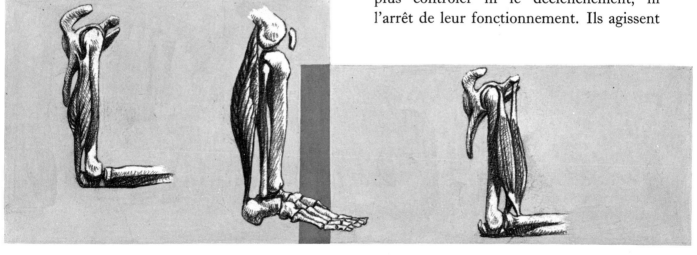

Baisser le bras (à gauche) est un exemple de levier du premier genre, comme dans une bascule ; se hausser sur la pointe du pied (au centre) est un exemple de levier du deuxième genre, comme de ramer ; « gonfler » un muscle (à droite) est un levier du troisième genre, comme dans une canne à pêche.

14

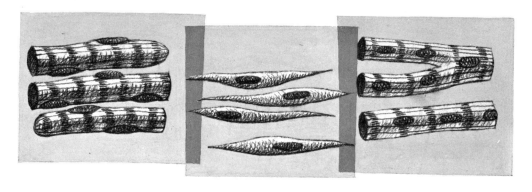

La matière cordée qui constitue les muscles striés s'appelle la fibre. Trois types de fibre musculaire sont représentés ci-contre (de gauche à droite) : squelette, lisse, cœur.

comme s'ils étaient indépendants de votre volonté. Certains artistes de cirque peuvent avaler divers objets et les recracher à volonté sans difficulté. C'est qu'ils ont appris à contrôler les muscles lisses de leur estomac et de leur œsophage.

Comment les muscles bougent-ils ?

Le tissu musculaire est formé de cellules dont le cytoplasme peut se contracter. Quand le muscle se contracte, il se raccourcit et par conséquent tire sur l'os dans lequel il est inséré. Si vous voulez montrer à quelqu'un comme vous êtes fort, vous gonflez votre biceps et pour y arriver, vous repliez votre avant-bras sur votre bras. Si vous voulez allonger le bras, vous détendez le biceps et vous contractez le *triceps*, le muscle de la face inférieure du bras. La contraction de celui-ci, tire l'avant-bras dans le prolongement du bras. Vous constatez donc que les deux muscles du bras travaillent en équipe. Tous les muscles striés du corps en font autant et vont par deux.

Comment fonctionnent les articulations ?

Un procédé pour augmenter la puissance utilisée en vue d'un travail, c'est de l'appliquer à un levier. Un levier est une machine qui accroît la puissance utile, ou qui augmente l'amplitude du mouvement.

Les articulations du corps humain agissent comme des leviers qui accroissent la puissance d'un muscle ou la distance qu'il peut faire parcourir à un os.

Si vous vous haussez sur la pointe des pieds, vous vous servez d'une des sortes de levier. Les muscles qui forment vos mollets doivent soulever le poids de tout votre corps, ce qui est un rude travail. Pour supporter l'effort nécessaire à une traction directe, il vous faudrait des muscles beaucoup plus gros. Si vous parvenez cependant facilement à vous mettre sur la pointe des pieds, c'est que ceux-ci jouent le rôle de leviers.

Pendant que vous vous soulevez ainsi, votre poids porte droit sur le point où le tibia repose sur l'os de la cheville. Les muscles du mollet tirent vers le haut l'os du talon et le pied pivote, également vers le haut, sur le point d'appui que représentent les os constituant le *métatarse* (partie médiane du pied). En réalité, nous disons que nous nous mettons sur la pointe des pieds, mais nous reposons sur le métatarse et les doigts servent à maintenir l'équilibre. Si vous vous baissez pour empoigner votre cheville juste au-dessus du talon, vous sentirez le robuste tendon — appelé *tendon d'Achille* — qui relie les muscles du mollet à l'os du talon. Si, après cela, vous vous mettez sur la pointe du pied, vous sentirez les muscles du mollet se contracter et se gonfler tandis qu'ils tirent le talon vers le haut.

15

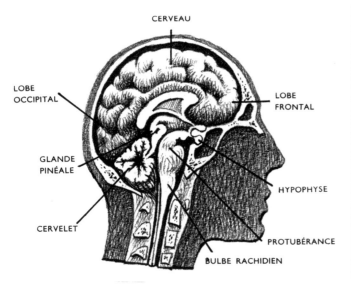

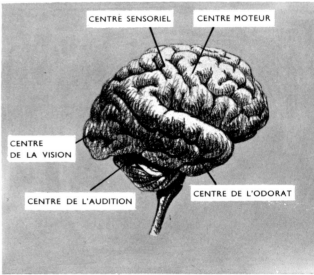

Coupe du crâne montrant l'emplacement du cerveau.

Des régions du cerveau commandent
à plusieurs de nos activités.

LE CERVEAU ET LES NERFS

Qu'est-ce qui contrôle les mouvements du corps ? Supposez que vous ayez laissé tomber votre crayon par terre et que vous vouliez le ramasser. C'est là une chose très facile, que vous pouvez faire presque sans y penser. Et pourtant ce geste si simple met en action des douzaines de vos muscles striés. D'abord, il faut repérer le crayon, ce qui vous oblige à bouger les yeux et probablement à tourner la tête jusqu'à ce que l'objet soit dans votre champ de vision. Ensuite, vous devez vous baisser pour atteindre le crayon, le saisir, puis vous redresser. Non seulement des douzaines de muscles striés interviennent pour vous permettre d'accomplir ces mouvements, mais il faut qu'ils le fassent exactement dans l'ordre voulu. A quoi bon essayer de saisir le crayon avant de vous être baissé assez pour le toucher de la main ? Il est clair que quelque chose contrôle et coordonne les contractions de vos muscles. Quoi ?

Les mouvements des muscles sont contrôlés par le cerveau qui agit au moyen d'un réseau de nerfs répartis dans tout le corps. Cerveau et nerfs réunis forment le *système nerveux* du corps.

Qu'est-ce que le cerveau ? Le cerveau occupe la moitié supérieure du crâne. La partie la plus volumineuse est constituée par deux hémisphères de tissu nerveux, un de chaque côté de la tête.

Toutes les activités conscientes de l'homme sont sous le contrôle de son cerveau qui lui permet de se rappeler, de percevoir des sensations, de résoudre des problèmes et de comprendre ce qu'on lui dit, en bref de penser. Grâce à son cerveau extrêmement développé, l'homme est la plus intelligente des créatures.

Qu'est-ce que le cervelet ? A la base du crâne, presque recouvert par les hémisphères cérébraux, on trouve le *cervelet*, qui est, lui aussi, réparti en deux

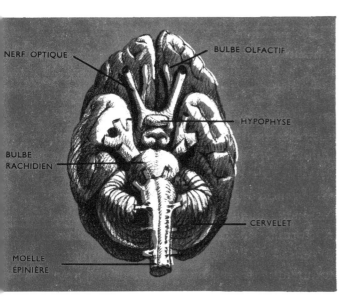

NERF OPTIQUE

BULBE OLFACTIF

HYPOPHYSE

BULBE RACHIDIEN

CERVELET

MOELLE ÉPINIÈRE

Cerveau vu par le dessous.

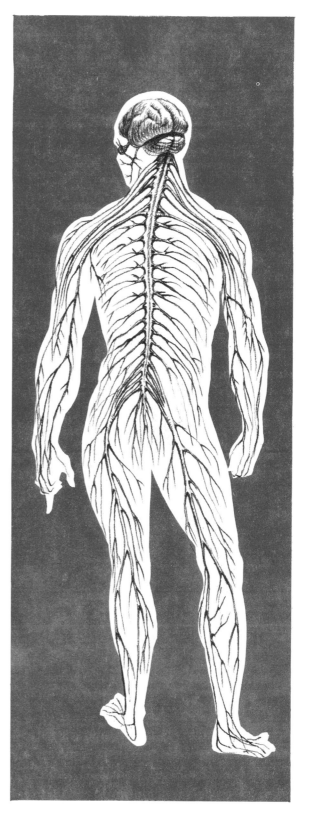

masses. Il coordonne l'activité musculaire. C'est grâce à lui que l'homme peut acquérir des habitudes et développer son habileté manuelle. Tout enfant, vous avez appris, après bien des tentatives et des chutes, à vous tenir debout. Marcher a été une autre entreprise qui a exigé beaucoup de temps et d'effort. Maintenant, ce sont là des habitudes, des gestes machinaux auxquels vous ne pensez même plus et pourtant ces deux activités font intervenir de nombreux muscles qui doivent entrer en action exactement dans l'ordre voulu. Le cervelet les contrôle automatiquement.

Avez-vous appris à patiner, ou à aller à bicyclette ? Au début, vous avez été obligé de réfléchir à chaque geste, mais bientôt, les mouvements sont devenus automatiques et vous les avez fait sans même y songer, à moins d'un incident imprévu. Pendant que vous appreniez, le cerveau commandait à vos mouvements, tandis que vous pensiez aux muscles que vous alliez faire intervenir à la seconde suivante. Par la suite, quand vous avez su comment faire chaque mouvement, le cervelet a pris le relai du cerveau. Mais, bien que son contrôle soit auto-

17

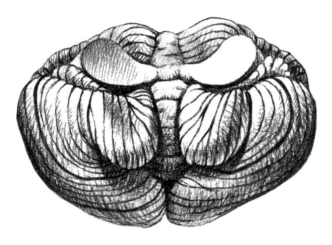

Le cervelet coordonne l'intelligence
et les muscles de l'homme.

matique, il est important de se rappeler que les muscles qu'il a sous ses ordres sont ceux de la vie de relation, donc soumis à la volonté.

Qu'est-ce que le bulbe rachidien ? Les muscles lisses, eux, sont contrôlés par une partie du cerveau située en haut de la colonne vertébrale, le *bulbe rachidien*. Sa longueur n'atteint pas 3 cm. et ce n'est en réalité qu'un renflement de

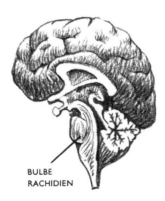

Le bulbe rachidien est un renflement de la moelle épinière qui transmet les influx nerveux réglant la cir-culation du sang, la respiration, la digestion et d'autres fonctions encore.

BULBE RACHIDIEN

la moelle épinière. Il commande les batte-ments du cœur, le rythme de la respiration, les mouvements de l'estomac et de l'in-testin, ceux de la déglutition et d'autres fonctions vitales du corps.

A quoi ressemble la moelle épinière ? La *moelle épinière* s'allonge à partir du bulbe rachidien dans le canal formé par les vertèbres empilées, dont les anneaux osseux la protègent. En forme de cordon cylindrique, elle est entourée d'une couche extérieure de cellules constituant une fine membrane conjonctive parcourue par des vaisseaux sanguins et une partie centrale en forme de H, groupant les fibres nerveuses. Elle s'étend sur les quatre cinquièmes de la longueur de la colonne vertébrale et atteint en moyenne 45 cm. (elle est un peu plus longue chez les hommes que chez les femmes). Son poids est d'environ 30 gr.

Douze paires de nerfs sont issus de la moelle épinière et se rattachent au cerveau en passant par la base du crâne. Trente et une autres paires sont réparties sur toute la longueur du cordon. Ces branches le relient à tous les organes du corps où elles se ramifient jusqu'à ce que les plus petits filets soient invisibles à l'œil nu.

Les nerfs qui remontent depuis la moelle dans le cerveau traversent le bulbe où ils se croisent. C'est ainsi que la partie gauche du cerveau contrôle le côté droit du corps et la partie droite, le côté gauche.

En quoi le système nerveux ressemble-t-il à un téléphone de campagne ? Une division est composée de milliers d'hommes qui ac-complissent des tâches très variées. Pour coordonner les activités de si nombreux soldats, il est nécessaire de disposer d'un système qui permette au général de savoir ce qui se passe dans toutes les unités de sa division et de leur donner ses ordres. Ce système, c'est un réseau téléphonique.

Quand une bataille est en cours, les troupes placées près de la ligne de feu téléphonent leurs rapports sur l'engagement au poste de commandement installé à l'arrière, pour informer le général de la situation. Le chef reçoit ces messages des avant-postes et grâce aux renseignements ainsi obtenus, il peut utiliser son expérience et son entraînement pour envoyer des ordres aux soldats qu'il commande. Ces ordres suivent les mêmes fils téléphoniques que les rapports, mais dans l'autre sens. Étudions une situation analogue dans notre corps. Supposons que vous avez fait tomber un crayon de votre table et que vous voulez le ramasser. Quand le bruit de la chute arrive à vos oreilles, il déclenche des excitations électriques qui se déplacent le long de deux nerfs (les nerfs optiques) pour atteindre le cerveau. Vos oreilles ressemblent aux postes de première ligne, vos nerfs aux fils téléphoniques et les excitations électriques aux messages qui sont transmis par les fils.

Quand le cerveau reçoit les excitations électriques venues des oreilles, une région spéciale des hémisphères les perçoit comme bruit et transmet cette information à une autre zone, chargée, elle, de reconnaître la nature des influx nerveux et celle-ci fait alors appel à une troisième, où se trouvent emmagasinés les renseignements : la mémoire. Si vous avez déjà fait tomber un crayon, votre mémoire reconnaît le bruit, et vous comprenez ce qui s'est passé.

Cette situation est semblable à celle du général qui reçoit les rapports de ses

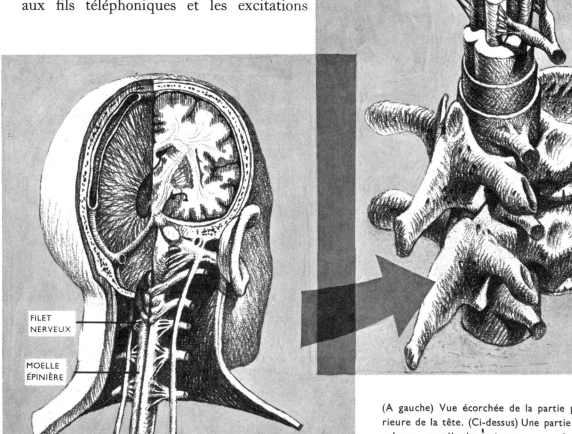

FILET NERVEUX

MOELLE ÉPINIÈRE

(A gauche) Vue écorchée de la partie postérieure de la tête. (Ci-dessus) Une partie de la colonne vertébrale qui est composée d'os appelés vertèbres ; ils entourent la moelle épinière.

troupes au combat et qui fait alors appel à son expérience et à son entraînement pour se rendre un compte exact de ce qui se produit sur le champ de bataille.

Une fois que votre cerveau a compris que le crayon était tombé, il décide de le ramasser. Il envoie des influx nerveux aux muscles des yeux qui font alors tourner les globes pour rechercher l'endroit où se trouve l'objet. Ce procédé ressemble à celui qu'emploie le général quand il téléphone aux premières lignes pour demander un supplément d'information sur la bataille.

Quand le crayon est en vue, des excitations électriques repartent vers les hémisphères cérébraux où doit à nouveau se dérouler le processus de perception et de reconnaissance pour identifier l'objet. Nous avons là comme de nouveaux rapports envoyés au commandant en chef qui les interprète.

Le crayon repéré, le cerveau envoie alors des centaines d'excitations électriques le long des nerfs aux nombreux muscles qui doivent entrer en action pour que vous puissiez vous baisser, tendre le bras, refermer les doigts autour du crayon, et vous redresser. Ces excitations et les mou-

vements musculaires correspondants sont similaires aux messages que le général envoie par les fils du téléphone aux soldats qui exécutent ses ordres.

Qu'est-ce qu'une cellule nerveuse ?

Les cellules nerveuses, aussi appelées *neurones*, sont construites spécialement pour transmettre les influx nerveux d'une partie du corps à une autre. Le tissu nerveux peut conduire des quantités extrêmement faibles d'électricité. En fait, les influx nerveux sont de petites quantités d'électricité.

Quelles sont les parties d'un neurone ?

Chaque neurone comprend une partie centrale du *corps cellulaire* formée d'un noyau et de cytoplasme, le tout entouré d'une membrane. Sur un de ses côtés des filaments extrêmement fins de protoplasme sont issus de ce corps cellulaire ; on les appelle des *dendrites* et ils ressemblent assez aux rameaux à l'extrémité d'une branche d'arbre. De l'autre côté de la cellule sort une fibre nerveuse assez épaisse entourée d'un étui graisseux qui se termine en

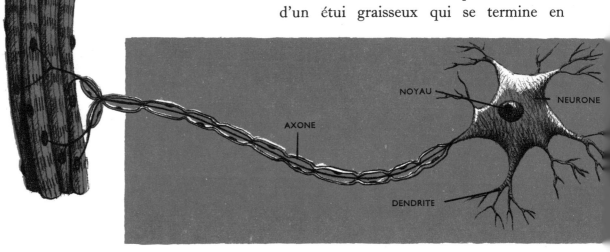

Les influx nerveux d'un neurone suivent le nerf jusqu'à ses terminaisons dans un muscle (à gauche).

20

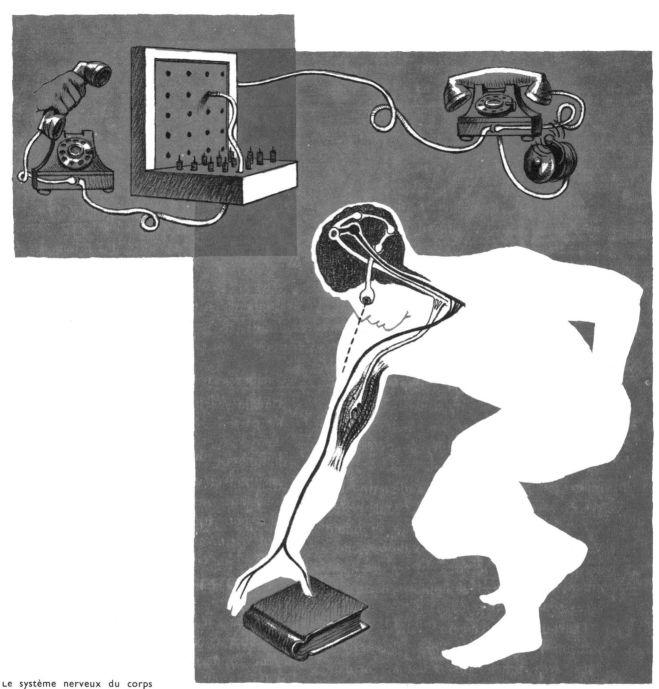

Le système nerveux du corps humain fonctionne à peu près comme un standard téléphonique

minces filaments de protoplasme ramifiés. Ce sont les *axones*. Certains sont très courts, alors que d'autres atteignent presque un mètre de longueur. Les dendrites conduisent les influx nerveux au corps cellulaire. Les axones les emmènent en sens inverse.

Le tissu nerveux est fait d'une série de neurones disposés de manière que les filaments ramifiés du protoplasme d'un axone s'entrecroisent avec les dendrites du neurone voisin. Mais les deux réseaux ne se touchent pas. L'espace entre les prolongements s'appelle *synapse*. Quand un influx se déplace le long d'un nerf, il doit sauter la brèche entre un neurone et son voisin.

Les nerfs sont divisés en deux catégories : les *nerfs sensoriels* qui transmettent au cerveau les excitations venues des organes

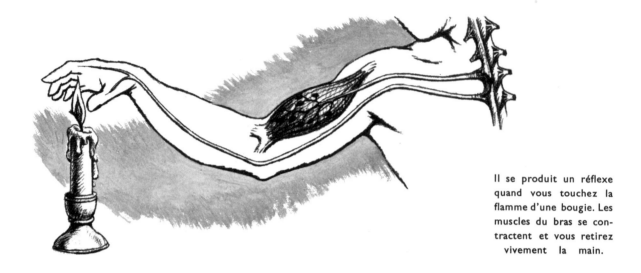

Il se produit un réflexe quand vous touchez la flamme d'une bougie. Les muscles du bras se contractent et vous retirez vivement la main.

des sens et les *nerfs moteurs* qui transmettent les ordres aux muscles.

Qu'est-ce qu'un réflexe ?

Si vous touchez un radiateur très chaud, vous retirez très vite la main. Vous ne prenez pas le temps de réfléchir à ce que vous faites, vous agissez automatiquement. C'est ce que l'on appelle un *acte réflexe*.

Dans un cas de ce genre, l'influx nerveux suit un chemin spécial, l'*arc réflexe*. Quand vous avez touché le radiateur brûlant, l'excitation s'est déplacée, le long d'un nerf sensoriel, depuis la peau, à l'endroit où elle était entrée en contact avec la surface chaude, jusqu'à la moelle épinière. Là, l'influx en déclenche un autre, dans un nerf moteur reliant la moelle épinière aux muscles du bras. Ceux-ci se contractent et écartent la main du radiateur. Le tout ne demande pas plus d'un dixième de seconde environ.

Pendant ce temps, l'influx sensoriel, à l'origine du réflexe, a remonté le long de la moelle épinière jusqu'au cerveau où il a été ressenti comme douleur.

Quelle est l'utilité des actes réflexes ?

Les actes réflexes ont une grande utilité. Ils protègent le corps de bien des dommages. Si vous êtes obligé de réfléchir aux mouvements à exécuter au moment où vous êtes menacé d'un danger soudain, vous pourriez vous affoler et faire tout le contraire de ce qu'il faudrait. L'action automatique de vos réflexes vous fait en général agir correctement et assez vite pour éviter, ou du moins diminuer le danger qui vous menace. Par exemple, si vous apercevez brusquement un objet lancé en l'air qui vient droit vers votre visage, des actes réflexes vous font esquiver le choc et fermer les yeux.

Comment provoquer un acte réflexe ?

Asseyez-vous confortablement dans un fauteuil et croisez les jambes, la droite passée sur la cuisse gauche. Tâtez juste au-dessous de la rotule du genou droit et vous sentirez un tendon qui descend à partir de cet os. Avec le coupant de la main droite, donnez un coup sec sur le tendon

— mais pas trop brutal, bien sûr. Si vous vous y êtes bien pris, la partie inférieure de la jambe droite se relèvera brusquement en se pliant à partir du genou. Après avoir réussi à provoquer cet acte réflexe, attendez quelques minutes et recommencez. Cette fois, vous remarquerez peut-être que la jambe entre en action avant même que vous sentiez le choc de la main sur le tendon du genou.

LES SENS

Qu'est-ce que les sens ?

Nous percevons le monde qui nous entoure au moyen des sens. Pendant des siècles, les hommes ont cru qu'ils n'en avaient que cinq : *la vue, l'ouïe, le toucher, l'odorat* et *le goût*. Les savants modernes ont ajouté à la liste : *pression, chaleur, froid* et *douleur*.

Le processus de la sensation comporte plusieurs étapes. Une excitation agit sur les nerfs dans l'un des organes sensoriels.

Les influx nerveux sont transmis depuis l'organe jusqu'au cerveau qui les interprète comme une sensation. Par exemple, si vous vous piquez le doigt avec une aiguille, les terminaisons nerveuses dans la peau du doigt sont excitées et envoient des influx du cerveau qui les interprète comme une douleur. Il est important de noter que si le cerveau interprète les influx comme douleur, il ne ressent pas lui-même la souffrance, c'est le doigt, l'organe sensoriel qui l'éprouve.

A quoi ressemble un œil ?

Les organes de la vue sont les *yeux*. Un œil humain a la forme d'une boule, d'un globe de deux centimètres et demi de diamètre environ. Il est entouré d'une membrane protectrice blanche très résistante, qui devient transparente sur le devant de l'œil. Juste derrière cette partie bombée et transparente, un espace est rempli d'un liquide limpide ayant la consistance de l'eau et derrière cette petite chambre encore, il y a un tissu rond percé d'un trou. Ce tissu, c'est l'*iris* et le trou, la *pupille*. L'iris est la partie colorée de l'œil. Sur son bord intérieur, tout autour de la pupille, on trouve un anneau de muscles minuscules sensibles à la lumière. Si l'éclairage est violent, ils se contractent pour diminuer

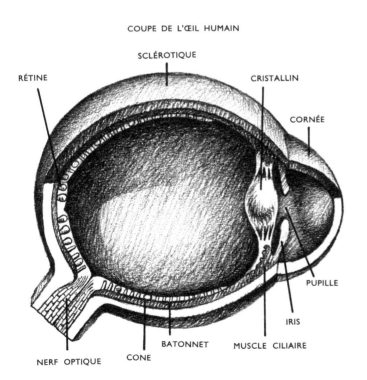

COUPE DE L'ŒIL HUMAIN

SCLÉROTIQUE

RÉTINE

CRISTALLIN

CORNÉE

PUPILLE

IRIS

MUSCLE CILIAIRE

NERF OPTIQUE

CONE

BATONNET

l'ouverture de la pupille. Dans la pénombre, au contraire, ils se détendent et agrandissent la pupille.

Si vous vous placez devant un miroir dans une pièce brillamment éclairée, vous verrez facilement la pupille de votre œil se dilater et se contracter. Couvrez l'œil avec la main pendant une minute et demi, puis retirez-la brusquement et regardez la pupille que vous venez de démasquer : vous la verrez se rétrécir.

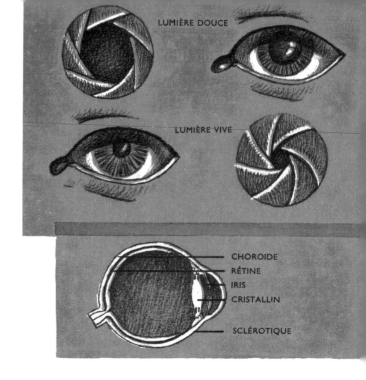

Comment voyons-nous ?

Derrière l'iris, une lentille ronde transparente est faite de tissu très résistant : le *cristallin*. Les muscles fixés sur le bord de cette lentille peuvent en modifier la forme pour nous permettre de voir nettement les objets proches ou éloignés. Un faisceau lumineux traversant le cristallin est renversé sens dessus dessous et dévié de droite à gauche. Après avoir franchi le cristallin, la lumière traverse une cavité sphérique qui constitue la plus grande partie du globe oculaire. Elle est remplie d'une matière gélatineuse parfaitement transparente, qui n'oppose donc pas d'obstacle aux rayons lumineux. L'intérieur de cette chambre est tapissé de terminaisons nerveuses spéciales, sensibles à la lumière. Cette membrane, épaisse comme une feuille de papier, s'appelle la *rétine*. Les terminaisons nerveuses sont reliées au *nerf optique* qui conduit au cerveau.

La lumière réfléchie par un objet et pénétrant dans l'œil, est concentrée par le cristallin qui projette une image renversée sur la rétine. Les influx nerveux que cette dernière envoie au cerveau sont interprétés comme une image de l'objet.

Cette interprétation redresse aussi les directions de l'image rétinienne, si bien que nous ne voyons pas les objets renversés.

Qu'est-ce que le point aveugle ?

A l'endroit où le nerf optique pénètre dans l'œil, il n'y a pas de rétine et par conséquent, ce point n'est pas sensible à la lumière. Situé sur le fond de l'œil, juste au-dessous du centre, il est appelé *point aveugle* ou *papille*.

On peut démontrer son existence de la façon suivante. Regardez la croix et le point, sur cette page. Fermez l'œil gauche et tenez la page ouverte devant l'œil droit. Fixez le regard sur la croix, puis approchez le livre vers vous et éloignez-le jusqu'à ce que vous trouviez la place où le point disparaît complètement. C'est qu'à ce moment, le cristallin projette l'image du point exactement sur la papille. Vous ne pouvez donc le voir.

   ●

Pourquoi voyons-nous mieux avec deux yeux qu'avec un ?

Placez une table juste sous une source de lumière, de façon que les objets près du centre ne projettent pas d'ombre. Placez-vous à 2 m. 50 environ

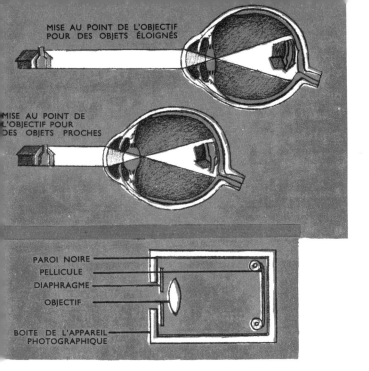

MISE AU POINT DE L'OBJECTIF
POUR DES OBJETS ÉLOIGNÉS

MISE AU POINT DE
L'OBJECTIF POUR
DES OBJETS PROCHES

PAROI NOIRE
PELLICULE
DIAPHRAGME
OBJECTIF
BOITE DE L'APPAREIL
PHOTOGRAPHIQUE

Les caractères et le fonctionnement de l'œil humain ressemblent de façon remarquable à ceux d'un appareil photographique.

de la table, puis accroupissez-vous pour que vos yeux soient exactement à la hauteur du dessus et fermez-en un.

Demandez à quelqu'un de placer une bobine au centre de la table et une deuxième, de la même taille, à 10 cm. environ devant ou derrière la première, mais sans vous dire lequel des deux emplacements il a choisi. Essayez ensuite de deviner si la deuxième bobine est devant ou derrière. Répétez l'expérience plusieurs fois en notant les réponses exactes, vous constaterez sans doute que les résultats ne sont pas brillants. Si vous recommencez vos essais les deux yeux ouverts, vous devinerez sans doute juste presque chaque fois. Pourquoi ?

Quand nous regardons un objet avec les deux yeux, une image légèrement différente est projetée sur la rétine de chacun, parce que l'angle de vision n'est pas tout à fait le même pour l'un et pour l'autre. Le résultat, c'est que l'interprétation que donne le cerveau des deux images fournit une seule image à trois dimensions à celui qui regarde. Les deux images permettent aussi de percevoir l'écartement, la profondeur,

d'où la possibilité pour l'observateur de juger de la proximité ou de l'éloignement. C'est pourquoi les résultats de vos estimations sont bien meilleurs quand vous regardez les bobines avec les deux yeux.

A quoi ressemble l'oreille ?

L'oreille est l'organe de l'ouïe. La partie à l'extérieur de la tête aide dans une certaine mesure à diriger les ondes sonores vers le conduit auditif. Arrivées au fond de celui-ci, elles frappent le *tympan* qu'elles font vibrer. Le tympan est une membrane tendue en travers du conduit qu'elle bouche complètement. Un os minuscule, le *marteau*, touche la face de cette membrane d'un côté et de l'autre, il est relié à un autre osselet, l'*enclume*. Celle-ci est à son tour jointe à l'*étrier* (tous ces noms rappellent la forme des os). Au-dessous de ce dernier et en arrière, trois petites cavités remplies de liquide sont

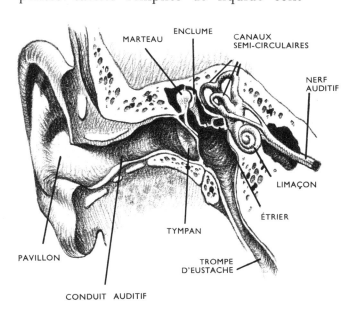

MARTEAU   ENCLUME   CANAUX
SEMI-CIRCULAIRES
NERF
AUDITIF
LIMAÇON
ÉTRIER
TYMPAN
TROMPE
D'EUSTACHE
PAVILLON
CONDUIT AUDITIF

Coupe de l'oreille humaine montrant ses diverses parties.

Les flèches montrent le trajet parcouru par le son dans l'oreille interne.

séparées les unes des autres par des membranes. La plus profonde de celles-ci est reliée aux nerfs qui vont au cerveau.

Comment entendons-nous ?

Quand des ondes sonores frappent le tympan, elles le font vibrer et les mouvements se transmettent au marteau qui touche la membrane. A chaque vibration, il frappe l'enclume qui, à son tour, fait vibrer le liquide dans les cavités. Une fois arrivée à la membrane de la dernière chambre, la vibration excite le nerf qui transmet l'influx au cerveau. La partie de celui-ci où sont localisés les centres de l'ouïe interprète le message comme un son. Ce système compliqué fonctionne remarquablement bien. Il nous permet de percevoir des sons d'une étendue et d'une complexité considérables, comme ceux qui nous frappent l'oreille quand nous écoutons un orchestre. De plus, les organes de l'ouïe peuvent être mis en branle par un bruit aussi léger que celui d'un crayon se déplaçant sur une feuille de papier à l'autre extrémité de la pièce où nous nous trouvons.

Pourquoi entendons-nous mieux avec deux oreilles qu'avec une ?

Bandez-vous les yeux avec un mouchoir et asseyez-vous sur une chaise placée au milieu d'une pièce. Demandez à quelqu'un d'aller très doucement dans une partie quelconque de la pièce et de frapper une fois dans ses mains. Montrez du doigt l'endroit où vous croyez qu'il se trouve. Répétez l'expérience plusieurs fois, tandis que votre assistant se déplace sans bruit dans la pièce. Demandez-lui de noter le nombre de fois où vous avez bien désigné l'endroit où il battait des mains.

Ensuite, recommencez en vous bouchant soigneusement une oreille avec le plat de la main. Puis une troisième fois en recouvrant l'autre oreille. Si votre sens de l'ouïe est normal, vous constaterez que vos résultats sont plus mauvais quand vous n'écoutiez qu'avec une oreille. D'où il est facile de conclure qu'en faisant intervenir les deux vous avez une meilleure perception des directions, tout comme vous avez une meilleure perception de la profondeur du champ visuel quand vous regardez avec les deux yeux.

Pourquoi sentons-nous les odeurs ?

L'organe de l'odorat est le *nez*. Quand vous aspirez une bouffée d'air, vous attirez dans votre nez certains gaz mêlés à ceux qui composent l'air. Quand ce mélange arrive au contact d'une petite plaque de cellules épithéliales à la partie supérieure de la surface interne des fosses nasales, ces cellules envoient, le long d'une paire de nerfs, des excitations au cerveau où elles sont interprétées comme odeurs.

En fait, on ne sait pas exactement comment ce phénomène se produit. Mais comme l'intérieur du nez est toujours humide, les savants pensent que les gaz odorants sont dissous par ce mucus et provoquent une réaction chimique qui stimule les terminaisons nerveuses dans les cellules épithéliales. Après quoi, celles-ci envoient des influx le long des nerfs.

Tous les gaz ne réagissent pas ainsi avec l'organe de l'odorat pour provoquer des sensations olfactives. Ceux qui ont cette action sont appelés odeurs. Plus la quantité de gaz odorant en contact avec l'organe est grande, plus la sensation est forte. C'est pourquoi nous aspirons en général profondément pour attirer de grosses bouffées d'air quand nous essayons de repérer la source d'une odeur.

L'odorat peut-il « se fatiguer » ou « se perdre » ?

Il semble que le sens de l'odorat se fatigue aisément, c'est-à-dire qu'au bout d'un petit moment, la sensation olfactive s'affaiblit et disparaît. Il vous est peut-être arrivé d'entrer dans une pièce où vous avez senti une odeur violente. Au bout de quelques minutes, vous ne la perceviez peut-être plus du tout.

L'écoulement de mucus qui accompagne un rhume de cerveau nous fait perdre l'odorat, parce que cette sécrétion forme une couche épaisse qui recouvre les cellules épithéliales des fosses nasales et empêche les gaz odorants d'entrer en contact avec elles.

Le sens de l'odorat est très développé dans une grande partie du règne animal. Pour beaucoup de bêtes, c'est le principal moyen de connaître le milieu qui les entoure. Mais chez les humains, il n'est qu'assez médiocrement développé.

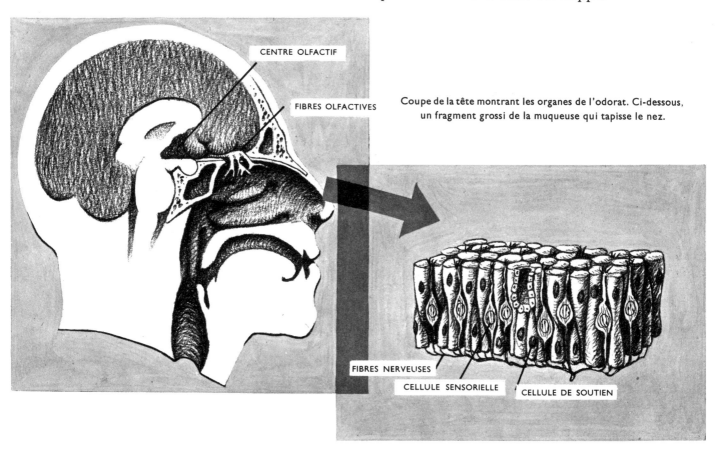

CENTRE OLFACTIF

FIBRES OLFACTIVES

Coupe de la tête montrant les organes de l'odorat. Ci-dessous, un fragment grossi de la muqueuse qui tapisse le nez.

FIBRES NERVEUSES

CELLULE SENSORIELLE

CELLULE DE SOUTIEN

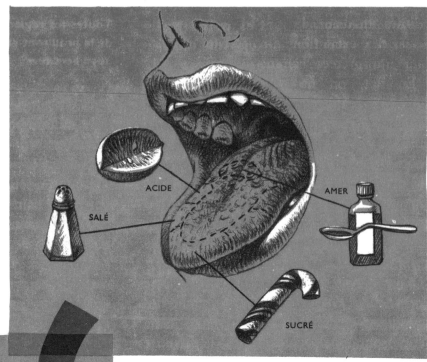

Les différents bourgeons du goût dans la langue nous permettent de distinguer les différentes saveurs.

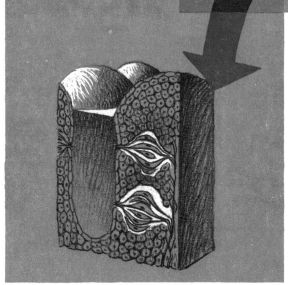

Bourgeons du goût représentés dans une coupe de la langue.

Comment goûtons-nous ?

De petits organes appelés *bourgeons du goût* sont situés juste sous la surface de la langue et en trois endroits de la gorge. Certaines matières mises dans la bouche stimulent ces bourgeons qui nous procurent la sensation de goût. Mais on ne connaît pas le processus qui se déroule. Il est probable que tout comme l'odorat, le goût est le résultat d'une faible réaction chimique. On peut distinguer quatre saveurs fondamentales : *salée, acide, sucrée* et *amère*.

Toutes ne sont pas décelées par les mêmes bourgeons. Ceux qui sont placés sur les côtés et le bout de la langue transmettent au cerveau les influx du goût salé. La saveur sucrée est détectée à l'extrémité de la langue, la saveur amère près du frein, la saveur acide sur les côtés. Donc, il existe des régions de la langue où deux sortes de bourgeons existent côte à côte : les côtés et le bout.

La sensation de goût est compliquée par le fait qu'une saveur peut en masquer ou en neutraliser une autre. Par exemple, la douceur du sucre diminue l'acidité du jus de citron.

De plus, certains goûts sont en réalité des odeurs. Cela est vrai dans le cas de l'oignon, par exemple. Si un gros rhume vous fait perdre le sens de l'odorat, vous ne pourrez pas percevoir le goût d'un oignon.

Comment fonctionne le sens du toucher ?

Les principaux organes du toucher sont des terminaisons nerveuses disséminées dans les cellules épithéliales du corps. La peau est bien entendu l'organe du toucher pour l'extérieur du corps ; pour l'intérieur, ce sont les cellules épithéliales qui tapissent toutes les cavités comme la bouche, la gorge, l'estomac, les intestins, les oreilles, la poitrine et les sinus.

Toutes les sensations ne sont pas décelées par les mêmes terminaisons nerveuses. Dans la peau, il y en a 16.000 qui sont sensibles à la chaleur et au froid, plus de 4 millions qui sont sensibles à la douleur. D'autres encore sont spécialisées dans les sensations tactiles. Ces dernières sont accentuées par les poils et duvets du corps. Si une partie de la peau est rasée, elle devient provisoirement moins sensible au toucher.

Les sensations internes sont difficiles à expliquer. Les gaz qui distendent l'intestin pendant une mauvaise digestion peuvent provoquer des douleurs intenses et pourtant les chirurgiens se sont aperçu qu'ils pouvaient couper, brûler ou pincer les organes à l'intérieur du corps sans que le malade éprouve la moindre souffrance.

Toutes les régions de la peau sont-elles aussi sensibles ?

Bandez-vous les yeux. Demandez à quelqu'un de presser légèrement la pointe d'un crayon sur la paume de votre main, puis de recommencer en appuyant cette fois deux crayons distants de six centimètres environ. Que votre assistant continue en utilisant tantôt un et tantôt deux crayons, sans que l'alternance soit régulière, bien sûr. Pendant ce temps, essayez de deviner chaque fois combien de pointes sont appuyées sur votre main. Vous obtiendrez probablement une assez bonne proportion de réponses justes.

Mais si vous répétez l'expérience sur la peau en haut du dos, près de la colonne vertébrale, vous ne pourrez pas dire s'il y a un ou deux crayons. Ce qui démontre que toutes les régions de la peau ne sont pas également sensibles au toucher.

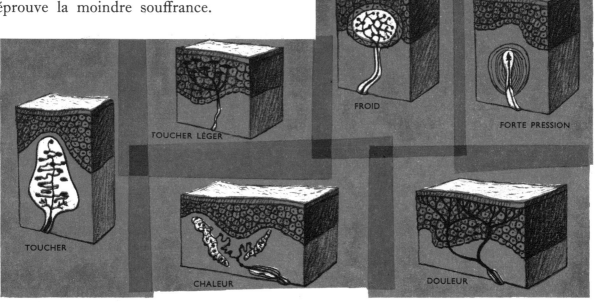

FROID

FORTE PRESSION

TOUCHER LÉGER

TOUCHER

CHALEUR

DOULEUR

La peau est l'organe du toucher. Les coupes ci-dessus représentent les terminaisons nerveuses correspondant à diverses sensations.

L'APPAREIL DIGESTIF

Comment le corps utilise-t-il les aliments ? Nous avons appris que le sang apporte la nourriture aux cellules des tissus. Elle provient des aliments que nous mangeons. Mais bien évidemment, ils ne pourraient pas être transportés par le sang tels que nous les mettons dans notre bouche ; avant qu'ils aient pris une forme qui les rende assimilables, c'est-à-dire capables de nourrir les tissus, ils ont dû être profondément transformés. Cette transformation, c'est la *digestion*. La bouche, l'œsophage, l'estomac, l'intestin grêle et le gros intestin forment un conduit continu long de 9 mètres environ, le *tube digestif*. Les aliments le parcourent d'une extrémité à l'autre pendant la digestion. Le *foie* et le *pancréas*, deux grosses glandes, jouent également un rôle important dans la transformation des aliments. Avec le tube digestif, elles constituent l'*appareil digestif* de notre corps.

Où commence la digestion ? L'une des matières qui composent nos aliments, est l'*amidon*. Quand nous mâchons du pain, par exemple, ou des pommes de terre, qui en contiennent beaucoup, la salive de la bouche provoque une transformation chimique de l'amidon. Il devient une sorte de sucre que le corps utilise facilement pour nourrir ses cellules.

Une substance telle que la salive, qui change la forme des aliments pour les rendre assimilables et utiles au corps, s'appelle un *enzyme*. Les enzymes sont secrétés par les glandes. La salive est produite par des glandes situées dans l'épaisseur des joues, devant les oreilles, sous le maxillaire inférieur et sous la langue.

Seul l'amidon peut être digéré dans la bouche. Les graisses et les protéines, les deux autres principaux composants de nos aliments, sont transformés plus loin dans le tube digestif.

Comment les dents aident-elles à la digestion ? Puisque les aliments, qu'ils soient digérés dans la bouche ou d'autres parties du tube digestif, doivent être avalés, il faut d'abord les diviser en petits morceaux. Pendant que nous mâchons, nos dents coupent et broient la nourriture en fragments qui sont mouillés par la salive et finalement roulés par la langue en boules que nous pouvons facilement avaler.

Une dent a une structure remarquable. La partie au-dessus de la gencive est la *couronne* ; au-dessous de la couronne et recouvert par la gencive, on trouve le *collet* ; au-dessous du collet, enfin, la *racine* est enchâssée dans une *alvéole* du maxillaire. La dent est recouverte par un *émail* qui est la matière la plus dure de notre corps. Protégé par ce revêtement, l'*ivoire* ou *dentine* forme la masse principale de la dent. Il ressemble à de l'os, mais il est plus dur. Dans une cavité au centre de l'ivoire, la *pulpe* contient les vaisseaux sanguins et les nerfs.

Qu'est-ce qu'un hydrate de carbone ? Quand on regarde les rayons d'une grande épicerie, on y voit une telle variété de produits qu'il est difficile de croire que toutes les différentes sortes d'aliments peuvent se répartir en quelques catégories, mais c'est pourtant vrai.

L'un de leurs composants s'appelle *hydrate de carbone*. Il est constitué par du carbone, de l'hydrogène et de l'oxygène.

Amidons, sucres, pain, macaroni, bonbons sont parmi les hydrates de carbone. Si le corps en reçoit plus qu'il n'en a besoin, il les transforme en graisse qu'il emmagasine.

Qu'est-ce que les graisses ?

Dans notre alimentation nous trouvons aussi les *graisses* ou lipides, meilleure source d'énergie que les hydrates de carbone. Beurre, margarine, saindoux, huile d'olive, voilà quelques exemples de graisses auxquels on peut ajouter les traînées blanches irrégulières dans un

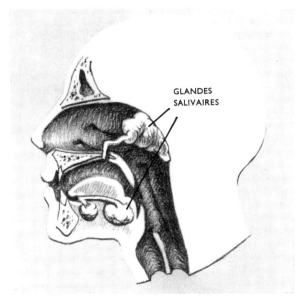

Emplacement des glandes salivaires dans le corps humain.

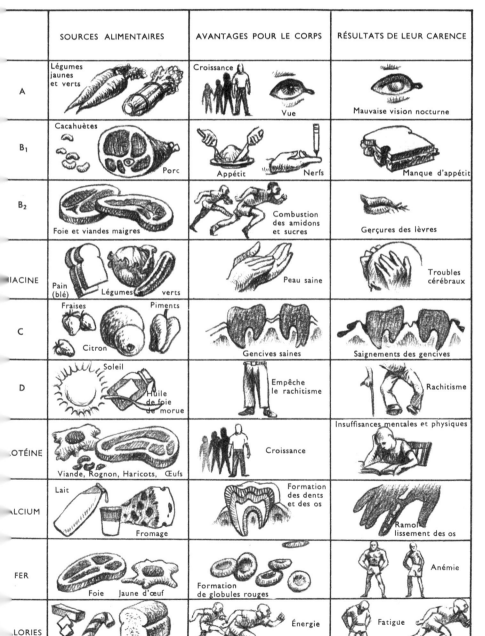

	SOURCES ALIMENTAIRES	AVANTAGES POUR LE CORPS	RÉSULTATS DE LEUR CARENCE
A	Légumes jaunes et verts	Croissance — Vue	Mauvaise vision nocturne
B₁	Cacahuètes — Porc	Appétit — Nerfs	Manque d'appétit
B₂	Foie et viandes maigres	Combustion des amidons et sucres	Gerçures des lèvres
NIACINE	Pain (blé) — Légumes verts	Peau saine	Troubles cérébraux
C	Fraises — Piments — Citron	Gencives saines	Saignements des gencives
D	Soleil — Huile de foie de morue	Empêche le rachitisme	Rachitisme
PROTÉINE	Viande, Rognon, Haricots, Œufs	Croissance	Insuffisances mentales et physiques
CALCIUM	Lait — Fromage	Formation des dents et des os	Ramollissement des os
FER	Foie — Jaune d'œuf	Formation de globules rouges	Anémie
CALORIES	Beurre — Sucre — Pain (blé)	Énergie	Fatigue

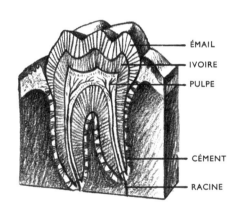

Coupe d'une dent.

ÉMAIL
IVOIRE
PULPE
CÉMENT
RACINE

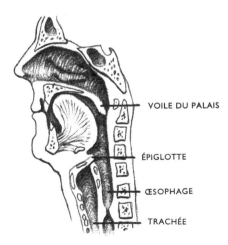

Organes de la déglutition.

VOILE DU PALAIS
ÉPIGLOTTE
ŒSOPHAGE
TRACHÉE

beefsteack et autour de ses bords. Si le corps a plus de graisse qu'il n'en peut utiliser, il l'emmagasine. C'est pourquoi certaines personnes sont si grosses.

Qu'est-ce que les protéines ?

La troisième substance nutritive importante sont les *protéines* fabriquées par les plantes vertes. Quand des êtres humains ou des animaux en mangent, les protéines qu'elles contiennent sont transformées en muscle. Quand nous mangeons de la viande (c'est-à-dire des muscles de bétail) nous faisons usage de notre meilleure source de protéines. La viande aide aussi à constituer et à renforcer les muscles de notre corps.

Qu'est-ce qu'une vitamine ?

Beaucoup d'aliments contiennent de petites quantités de substances appelées *vitamines*, qui sont nécessaires à la santé de notre corps. On les désigne par les lettres de l'alphabet : A, B, C, D et K.

La vitamine A est importante pour le bon état des yeux, de la peau, des muqueuses et pour une croissance normale. La vitamine B est nécessaire à un bon appétit, une bonne digestion des hydrates de carbone, une croissance normale, la santé des nerfs et des muscles. La vitamine C joue un rôle important dans la croissance, le développement des dents, le bon état de la peau et la cicatrisation. La vitamine D est nécessaire pour avoir des os et des dents solides, la vitamine K pour la coagulation du sang et le bon fonctionnement du foie.

Même en mangeant des quantités suffisantes d'aliments, nous ne serons pas en bonne santé si notre nourriture manque de vitamines nécessaires.

Qu'est-ce qu'un minéral ?

Les *minéraux* contenus dans nos aliments sont des éléments chimiques qui s'y trouvent en très petites quantités. Par exemple, le phosphore et le calcium sont nécessaires pour avoir des dents saines et des os solides.

Pour être en bonne santé, nous devons fournir à notre corps les quantités voulues de ces éléments. Comment pouvons-nous

Un régime équilibré donnera au corps la nourriture dont il a besoin. C'est là une condition essentielle au maintien d'une bonne santé. Le manque de certains éléments importants conduit à la sous-alimentation, cause de nombreux troubles.

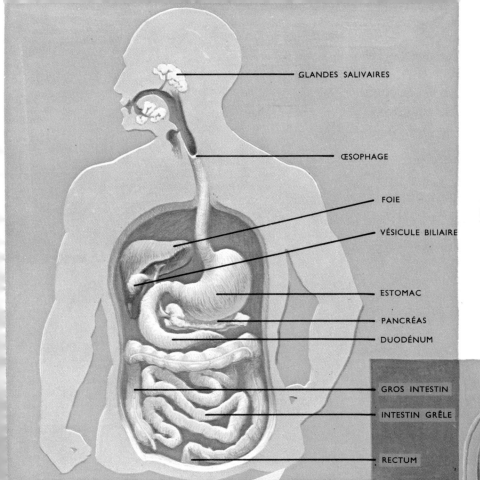

GLANDES SALIVAIRES

ŒSOPHAGE

FOIE

VÉSICULE BILIAIRE

ESTOMAC

PANCRÉAS

DUODÉNUM

GROS INTESTIN

INTESTIN GRÊLE

RECTUM

Le tube digestif (qui comprend la bouche, l'œsophage, l'estomac et l'intestin) le foie et le pancréas, constituent l'appareil digestif.

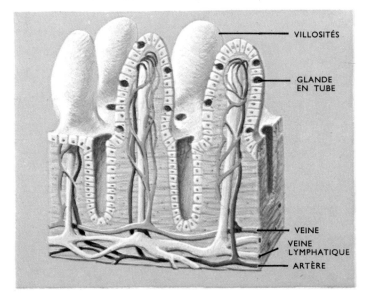

ACIDE

SÉCRÉTINE

SÉCRÉTINE

PROSÉCRÉTINE

ALIMENT ACIDE

ALIMENT

savoir quels sont les aliments qui les contiennent ? Les spécialistes ont fait des recherches pour nous et il existe maintenant des tableaux qui indiquent la composition des principaux aliments et les quantités qu'il convient d'absorber. C'est ce que l'on appelle un *régime équilibré*.

Comment s'opère la digestion ?

Un sandwich au poulet, par exemple contient de l'amidon, des graisses et des protéines. Le pain est composé surtout d'amidon, le beurre est de la graisse, le poulet, de la protéine.

Pendant que l'on mastique une bouchée de sandwich, l'amidon est digéré, au moins en partie, par la salive.

La bouchée une fois triturée et enrobée de salive passe dans l'*œsophage*, ce tube musculaire qui se contracte sur toute sa longueur pour pousser les aliments jusque dans l'estomac.

Rôle de l'estomac et de l'intestin dans la digestion.

Les aliments digérés sont absorbés par les villosités.

VILLOSITÉS

GLANDE EN TUBE

VEINE

VEINE LYMPHATIQUE

ARTÈRE

Dans l'estomac, qui est un muscle, les aliments sont malaxés pendant que des glandes situées dans la muqueuse de l'organe déversent des sucs digestifs. Finalement, ce brassage chasse les aliments de l'estomac et les fait passer dans l'intestin grêle.

Quel est le rôle de l'intestin grêle ? La plus grande partie des phénomènes de la digestion se produit dans l'*intestin grêle*. C'est là que graisses et protéines sont enfin transformées de manière à être utilisables pour les tissus. Le foie aide à cette transformation en déversant dans l'intestin un liquide appelé *bile*. Le pancréas, lui, secrète le *suc pancréatique* qui aide également à digérer les aliments. L'intestin grêle est continuellement parcouru par des contractions musculaires appelées *mouvements péristaltiques* qui font avancer les aliments et les poussent vers le gros intestin. La surface interne de celui-ci est hérissée d'un grand nombre de saillies d'un demi millimètre environ appelées *villosités* qui lui donnent un aspect velouté très particulier. Les aliments liquéfiés et digérés sont absorbés par ces villosités et passent dans les capillaires qu'elles contiennent. Maintenant, la nourriture est entraînée dans la circulation du sang. Comme nous l'avons appris, celui-ci

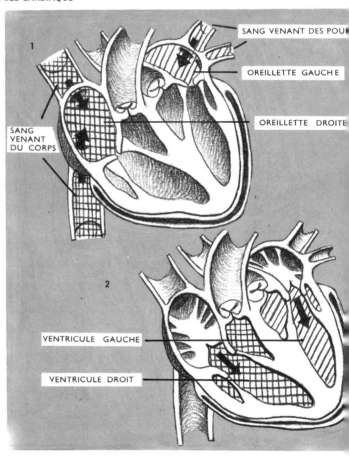

transporte les substances nutritives aux cellules des tissus qui les utilisent pour fournir au corps de l'énergie et des matériaux de remplacement pour les réparations.

Cependant, toutes les parties du sandwich au poulet ne peuvent être digérées. Celles qui ne sont pas assimilables parcourent le gros intestin jusqu'à sa partie la plus basse, le *rectum* d'où elles sont finalement expulsées par l'*anus*.

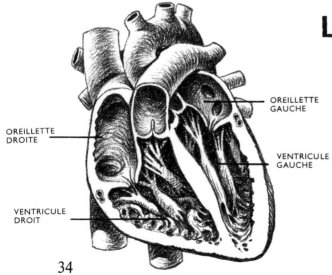

L'APPAREIL CIRCULATOIRE

Quel est le travail du cœur ? Bien que l'étude de l'anatomie soit vieille de plus de 2.000 ans, il a fallu attendre les travaux du médecin anglais, William Harvey sur la circulation du sang, au début du 17e siècle, pour que les hommes sachent quel travail le *cœur* fait dans leur corps. Cet organe avait pourtant

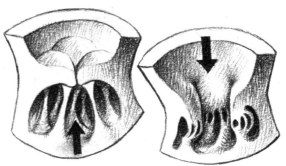

Les flèches indiquent la direction de la pression sanguine qui fait ouvrir et fermer les valvules.

(1) Les oreillettes se contractent et chassent le sang dans les ventricules.

(2) Les ventricules se contractent, les valvules auriculo-ventriculaires se ferment, les valvules sigmoïdes s'ouvrent, le sang passe dans les artères.

(3) Les ventricules se décontractent, les valvules sigmoïdes se ferment, les valvules auriculo-ventriculaires s'ouvrent, le sang passe dans les ventricules.

(4) Le sang passe dans les oreillettes et les ventricules, le cœur se décontracte et se repose momentanément.

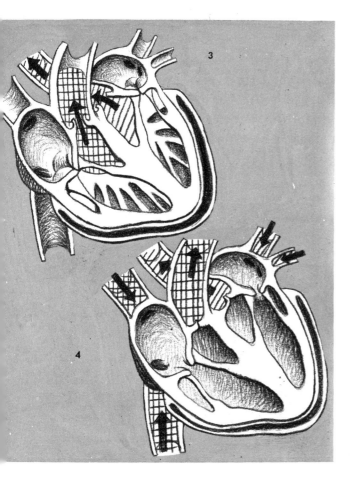

été minutieusement disséqué et décrit, mais personne ne connaissait son fonctionnement.

En réalité, le cœur est une pompe, remarquablement efficace, qui fait circuler le sang à travers le corps. Ce muscle se contracte et se relâche environ 70 fois par minute pendant toutes les minutes de toutes les années de notre vie. Chaque période contraction-repos constitue un *battement*. Il s'en produit plus de 100.000 par jour et chacun pompe environ 60 gr. de sang. Par conséquent, on peut évaluer à 12.000 litres environ la quantité de sang qui est pompée chaque jour.

A quoi ressemble le cœur ?

Le cœur est divisé en quatre cavités. Les deux du haut s'appellent *oreillettes* les deux du bas, *ventricules*. Chaque oreillette communique avec le ventricule au-dessous d'elle par une valvule qui permet au sang de descendre, mais l'empêche d'être refoulé vers le haut.

Le muscle cardiaque contient un réseau de nerfs qui régularisent remarquablement ses mouvements. Par exemple, si les battements sont faibles, les nerfs agissent pour que le muscle se contracte plus rapidement de manière qu'autant de sang soit pompé qu'avec un battement fort. De plus, toutes les parties du cœur n'entrent pas en action lors de chaque contraction si bien qu'il y en a toujours qui sont au repos. C'est pourquoi ce muscle peut continuer à fonctionner sans arrêt pendant toute notre vie.

Comment peut-on entendre les battements du cœur ?

Procurez-vous deux petits entonnoirs et un tuyau de caoutchouc de 30 à 50 cm. de long. Enfoncez le goulot d'un entonnoir dans chaque extrémité du tuyau. Après cela, placez le rebord d'un entonnoir sur la poitrine d'un ami et l'autre sur votre oreille. Vous entendrez un bruit grave et prolongé, suivi d'un petit silence, puis un bruit clair et bref, suivi d'un grand silence. C'est ainsi que le médecin peut suivre le travail du cœur, mais lui se sert d'un stéthoscope et non d'entonnoirs.

Quel travail fait le sang ?

On a appelé le sang « le fleuve de vie » et cette expression le décrit bien parce qu'il apporte aux cellules du corps les matières dont elles ont besoin pour se nourrir ; en outre, il les débarrasse de leurs déchets. Le sang contient également des cellules qui combattent les maladies et des substances qui réparent les parties endommagées du corps.

Il est composé d'un liquide, le *plasma*, et d'éléments solides, *globules rouges* (ou

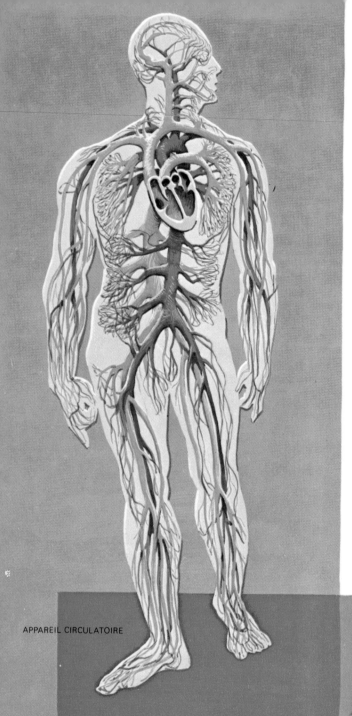

APPAREIL CIRCULATOIRE

Le cœur, le sang, les veines et les artères constituent l'appareil circulatoire. L'aorte emmène le sang du cœur dans des ramifications nombreuses qui le distribuent à travers le corps.

VEINES

AORTE

ARTÈRES

VEINE

hématies), *globules blancs* (ou *leucocytes*) et *plaquettes*. On compte environ 45 % de globules et 55 % de plasma. La quantité totale de sang, pour un homme adulte, est de 5 à 6 litres environ.

nuellement remplacés. Nous avons appris que l'intérieur d'un os contient un tissu dont la coloration rougeâtre est due à la présence de corpuscules sanguins rouges. C'est dans la moelle de certains os que se forment les globules rouges.

Que sont les globules rouges ? Les globules rouges sont si petits qu'une grosse goutte de sang en contient plus de 250 millions. En forme de disque, ils sont biconcaves, c'est-à-dire creusés sur les deux faces et contiennent une substance, l'*hémoglobine* qui est un composé de fer. Elle se combine très bien avec l'oxygène de l'air inspiré dans les poumons. Les globules rouges ont pour tâche d'apporter cet oxygène aux cellules dans toutes les parties du corps.

Quand l'hémoglobine se combine à l'oxygène, elle devient rouge vif. C'est pourquoi le sang qui coule d'une coupure est toujours rouge, l'hémoglobine se combine à l'oxygène de l'air.

Les globules rouges ne vivent que 50 à 70 jours environ et doivent donc être conti-

Les globules rouges, les globules blancs et les plaquettes constituent la partie solide du sang, par opposition au plasma.

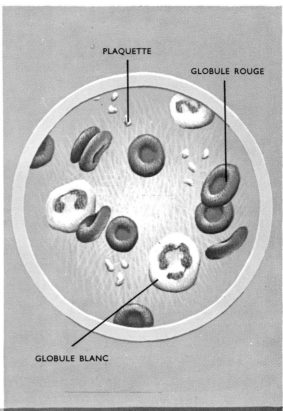

PLAQUETTE

GLOBULE ROUGE

GLOBULE BLANC

Les coupes ci-dessous montrent comment le corps humain utilise ses propres substances pour cicatriser des blessures superficielles.

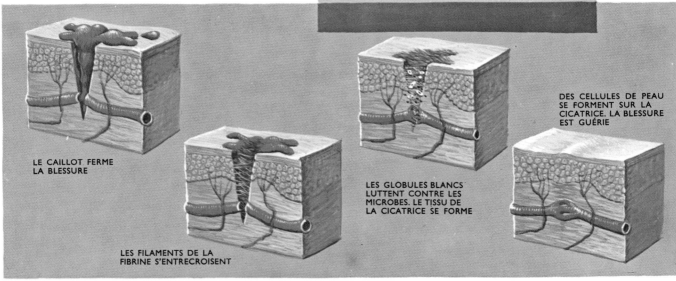

LE CAILLOT FERME LA BLESSURE

LES FILAMENTS DE LA FIBRINE S'ENTRECROISENT

LES GLOBULES BLANCS LUTTENT CONTRE LES MICROBES. LE TISSU DE LA CICATRICE SE FORME

DES CELLULES DE PEAU SE FORMENT SUR LA CICATRICE. LA BLESSURE EST GUÉRIE

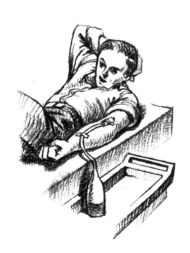

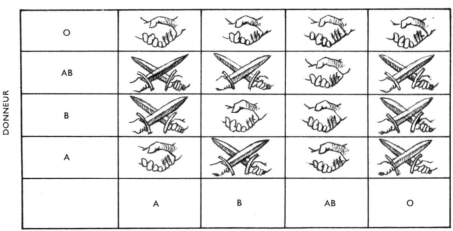

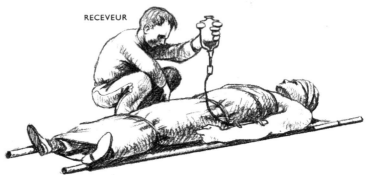

Un savant, prix Nobel, Karl Landsteiner, a découvert qu'il existe chez les humains quatre groupes sanguins principaux, qu'il classa ainsi : A, B, AB et O. C'est un fait très important, car dans une transfusion sanguine, un sujet ayant un groupe sanguin donné éprouvera de graves troubles s'il reçoit du sang appartenant à un groupe qui ne lui convient pas. Le tableau indique les types de sang qui peuvent être transfusés aux personnes des quatre groupes. Il indique aussi le type de sang que peuvent recevoir les personnes des quatre groupes. Les mains croisées signifie « accord ». Les épées croisées « opposition ». Ces mêmes groupes se retrouvent dans toutes les races.

Si une personne n'a pas assez de globules rouges, on dit qu'elle a de l'*anémie*. Elle est en général maigre et sans énergie parce que ses cellules ne reçoivent pas assez d'oxygène. Certaines sortes d'anémie peuvent être guéries en ajoutant des doses suffisantes de fer au régime du malade.

Comment le sang combat-il les maladies ?

Les globules blancs sont la plupart du temps plus gros que les rouges et en tout cas beaucoup moins nombreux dans le sang. Il n'y a guère qu'un leucocyte pour 800 hématies. Ils n'ont pas de forme définie et se déplacent comme les amibes en émettant des prolongements ou *pseudopodes* (faux pieds, en grec).

La plupart des maladies sont provoquées par la surabondance de microbes nuisibles dans le corps et la tâche des globules blancs est de les détruire. Pour y parvenir, le leucocyte se déplace jusqu'au microbe et l'englobe. Une fois que le microbe est à l'intérieur du globule, il est digéré.

Quand de grandes quantités de microbes nuisibles envahissent le sang, le nombre des globules blancs produits par la moelle des os augmente automatiquement. L'organisme a ainsi assez de combattants pour anéantir l'armée des agresseurs.

Comment se coagule le sang ?

Quand vous vous coupez, vous savez que le sang ne coule pas très longtemps. La coupure ne tarde pas à se remplir d'une matière rougeâtre solide que l'on appelle

38

caillot. Si le sang ne se coagulait pas ainsi, même une blessure légère saignerait abondamment et risquerait de provoquer la mort. Il existe d'ailleurs une maladie, *l'hémophilie,* caractérisée par le fait que le sang des malades qui en sont atteints ne se coagule pas de lui-même.

Ce sont les plaquettes qui provoquent la coagulation. Quand le sang coule d'une coupure, il charrie de ces particules. Lorsqu'elles sont mises en contact avec l'air, l'oxygène contenu dans ce dernier les désintègre en libérant une substance qui se combine avec certains éléments du plasma pour former la *fibrine.* Celle-ci se présente sous la forme d'un réseau de fibres minuscules qui emprisonnent les globules rouges du sang, établissant ainsi une sorte de digue qui arrête l'écoulement du sang.

Comment le sang se déplace-t-il dans le corps ? Étant donnée la quantité considérable de sang que pompe le cœur il est évident que le même doit repasser de très nombreuses fois par les cavités du muscle dans une journée. D'ailleurs le circuit complet depuis le cœur jusqu'aux extrémités du corps et retour prend moins d'une minute. La liaison avec les organes plus proches prend moins de temps encore.

Pendant un parcours à travers le corps, le sang emprunte deux itinéraires principaux. Quand le ventricule droit se contracte, le sang est chassé dans une grosse artère qui conduit aux poumons (une *artère* est un tube élastique qui emmène le sang hors du cœur). Là, les globules rouges fixent l'oxygène de l'air contenu dans les poumons et abandonnent leur gaz carbonique.

A partir des poumons, le sang coule dans deux veines qui le ramènent au cœur (une *veine* est un tube élastique qui conduit le sang vers le cœur). Le sang pénètre dans l'oreillette gauche et traverse la valvule conduisant au ventricule gauche. Quand celui-ci se contracte le sang est chassé dans une autre grosse artère qui se subdivise en branches plus petites, elles-mêmes subdivisées en vaisseaux de plus en plus fins. Les plus petites artères de toutes sont dans les tissus, on les appelle les artères *capillaires* (d'un mot latin qui signifie cheveu). Des capillaires, le sang fait passer nourriture et oxygène dans les cellules, puis les débarrasse du gaz carbonique ainsi que des autres déchets.

Les artères capillaires communiquent avec les veines capillaires qui se réunissent elles-mêmes en vaisseaux de plus en plus importants à mesure qu'ils approchent du cœur. Le sang qui les parcourt finit par atteindre une grosse veine qui pénètre dans l'oreillette droite du cœur. De l'oreillette droite le sang traverse la valvule conduisant au ventricule droit et achève ainsi son circuit à travers le corps.

Le cœur, le sang, les veines et les artères constituent *l'appareil circulatoire* de notre corps.

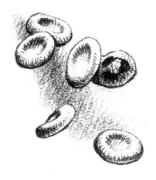

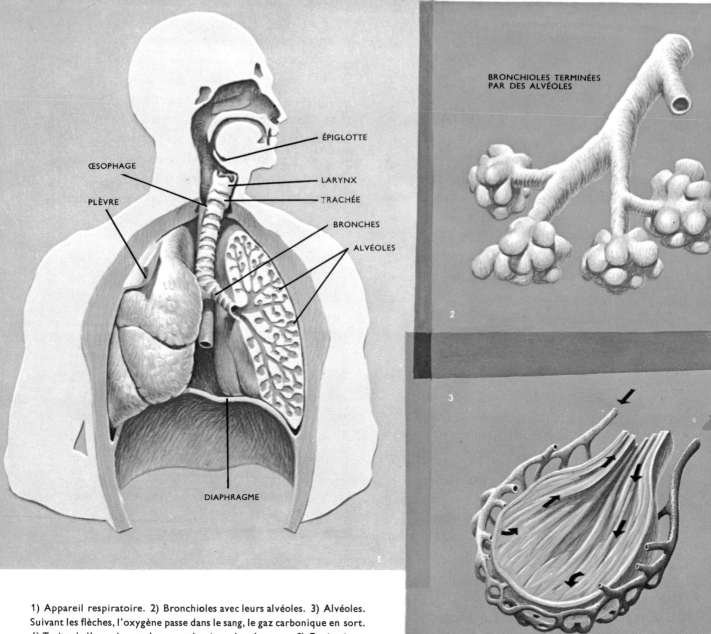

ÉPIGLOTTE

ŒSOPHAGE

PLÈVRE

LARYNX

TRACHÉE

BRONCHES

ALVÉOLES

DIAPHRAGME

ALVÉOLE ISOLÉE CONTENANT DES CAPILLAIRES

1) Appareil respiratoire. 2) Bronchioles avec leurs alvéoles. 3) Alvéoles.
Suivant les flèches, l'oxygène passe dans le sang, le gaz carbonique en sort.
4) Trajet de l'oxygène et du gaz carbonique dans le corps. 5) Expiration :
les poumons se contractent, les côtes s'abaissent. 6) Inspiration : les
poumons se dilatent, les côtes remontent.

L'APPAREIL RESPIRATOIRE

Pourquoi respirons-nous ?

Nous avons appris que les cellules du corps ont besoin d'oxygène et que celui-ci est pris à l'air qui nous entoure. Pour nous le procurer, nous devons d'abord introduire de l'air dans notre corps, ce que nous faisons en inspirant.

Au-dessous des poumons, en travers de la cage thoracique, il y a un muscle plat, très puissant, le *diaphragme*. Quand il s'abaisse, il provoque l'élévation des côtes et la projection du sternum en avant. Il en résulte un vide partiel dans les poumons. La pression de l'air à l'extérieur du corps est plus forte que la pression dans les

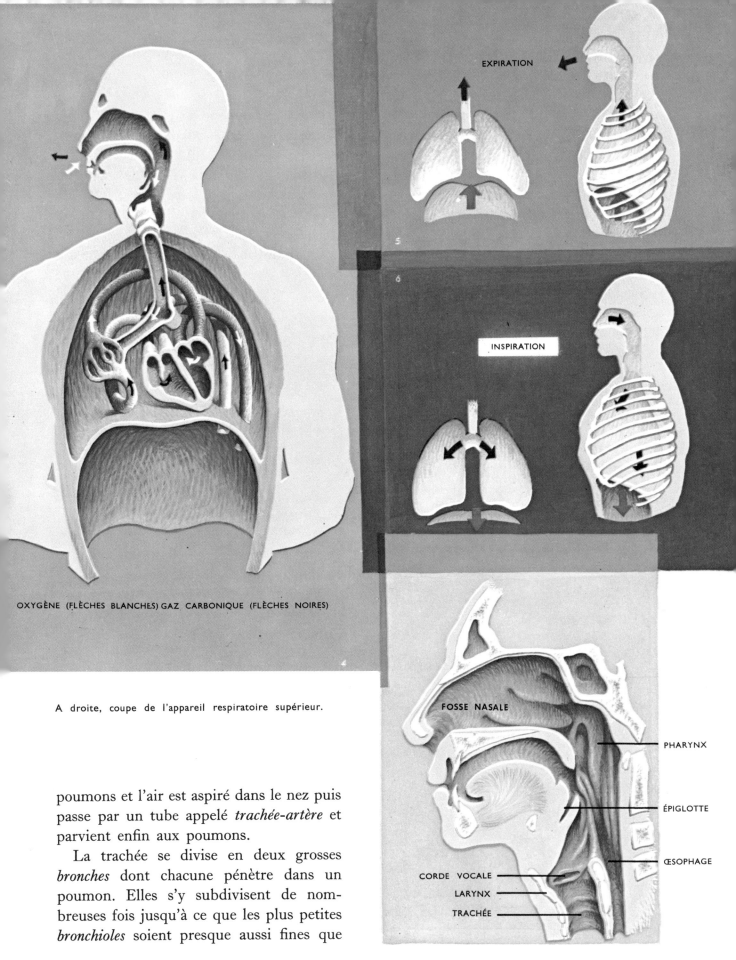

OXYGÈNE (FLÈCHES BLANCHES) GAZ CARBONIQUE (FLÈCHES NOIRES)

EXPIRATION

INSPIRATION

FOSSE NASALE

PHARYNX

ÉPIGLOTTE

ŒSOPHAGE

CORDE VOCALE

LARYNX

TRACHÉE

A droite, coupe de l'appareil respiratoire supérieur.

poumons et l'air est aspiré dans le nez puis passe par un tube appelé *trachée-artère* et parvient enfin aux poumons.

La trachée se divise en deux grosses *bronches* dont chacune pénètre dans un poumon. Elles s'y subdivisent de nombreuses fois jusqu'à ce que les plus petites *bronchioles* soient presque aussi fines que des capillaires. Elles se terminent par des sortes de petits sacs, les *alvéoles pulmonaires*, remplis d'air, dont le tissu contient un réseau serré d'artères et de veines capillaires. La surface de ces alvéoles représente près de 100 m² pour chaque poumon.

L'oxygène de l'air passe à travers les parois des artères et se fixe sur les globules rouges du sang. Le gaz carbonique passe à travers les parois des veines et de là dans l'air des poumons.

Quand le diaphragme se détend, les côtes s'abaissent, le sternum revient en arrière, les poumons se trouvent comprimés et expulsent l'air chargé de gaz carbonique par les mêmes voies qu'il avait parcourues en entrant.

Comment construire un modèle de l'appareil respiratoire?

Pour y parvenir, il faut rassembler une cloche de verre, un bouchon de caoutchouc à un trou qui s'ajuste dans l'ouverture supérieure de la cloche, un tube de verre en forme d'Y, deux petits ballons et une grande feuille de caoutchouc mince.

Placez le bouchon dans le goulot de la cloche. Attachez les deux ballonnets aux extrémités des bras de l'Y et insérez l'autre bout du tube dans le bouchon de caoutchouc, puis fixez la feuille de caoutchouc autour de l'ouverture de la cloche.

En tirant par le fond cette membrane qui représente le diaphragme, vous simulerez les mouvements de la respiration. La partie supérieure du tube représente la trachée, les bras sont les grosses bronches et les ballonnets, les poumons.

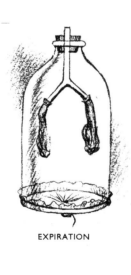

EXPIRATION

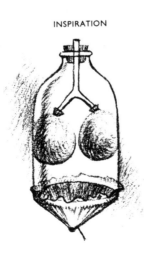

INSPIRATION

Quelle est l'importance de l'air pour les cellules du corps?

L'un des usages que les cellules font de la nourriture qui leur est apportée par le sang, c'est de produire de l'énergie destinée aux mouvements du corps. Pour y parvenir, certaines parties des aliments emmagasinés dans les cellules doivent être combinées avec de l'oxygène. Or cet oxygène est pris à l'air grâce à la respiration et transporté jusqu'aux cellules par les globules rouges.

Pourquoi respire-t-on plus profondément quand on court?

Quand on court, on dépense plus d'énergie. Celle-ci doit venir de la combinaison de l'oxygène avec les aliments mis en réserve dans les cellules et par conséquent le processus d'oxydation doit s'effectuer sur une plus grande échelle qu'à l'ordinaire. Pour y parvenir, il faut plus d'oxygène dans le sang. En respirant plus profondément, on introduit plus d'air dans les poumons et par conséquent plus d'oxygène dans le sang.

SÉCRÉTIONS ET EXCRÉTIONS

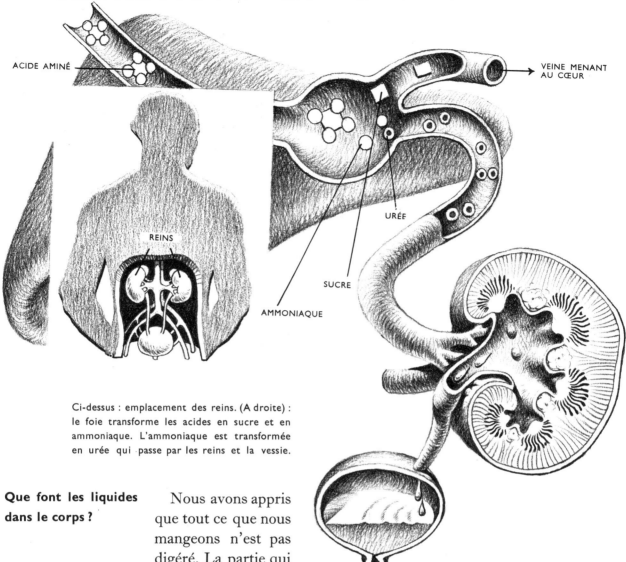

ACIDE AMINÉ

VEINE MENANT
AU CŒUR

REINS

URÉE

SUCRE

AMMONIAQUE

Ci-dessus : emplacement des reins. (A droite) : le foie transforme les acides en sucre et en ammoniaque. L'ammoniaque est transformée en urée qui passe par les reins et la vessie.

Que font les liquides dans le corps ? Nous avons appris que tout ce que nous mangeons n'est pas digéré. La partie qui n'est pas transformée constitue un des déchets de l'organisme. Un autre est constitué par l'air chargé de gaz carbonique dont nous avons parlé à propos de la respiration. Nous buvons de nombreux liquides dont certains nous apportent des éléments nutritifs, comme le lait par exemple. Les aliments que nous mangeons sont composés d'eau en grande partie. Celle-ci est fort utile parce que, une fois dans le courant de la circulation sanguine, elle permet aux matières nourrissantes de rester dissoutes et par conséquent de passer au travers des membranes entourant les cellules des tissus. Elle dissout également les déchets dans ces dernières. Mais ensuite, il faut que le plasma sanguin, qui est composé en partie d'eau, se débarrasse des déchets en solution.

Comment les reins nous aident-ils ? Cette tâche est accomplie par les *reins* qui sont situés au bas du dos, au-dessus des hanches. Chacun contient des milliers de minuscules tubes sinueux qui sont parcourus par le sang dont ils filtrent les déchets liquides. Ces derniers passent du rein dans un sac où ils sont provisoirement accumulés : c'est la *vessie*. De temps en temps, quand la vessie est assez pleine vous éprouvez l'envie de la vider, processus qui s'appelle la *miction*.

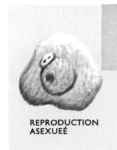

APPAREIL REPRODUCTEUR

Comment les cellules se reproduisent-elles ?

Seuls les êtres vivants peuvent se reproduire. Une pierre peut être brisée en plusieurs morceaux, chacun d'entre eux restera toujours plus petit que l'original. Par contre, les êtres vivants produisent d'autres êtres qui leur ressemblent. Les moutons donnent naissance à des agneaux qui, en grandissant, deviendront à leur tour des moutons. Les humains donnent naissance à des bébés qui, en grandissant, deviendront des adultes très semblables à leurs parents.

L'unité est la même pour la reproduction que pour le corps : c'est la cellule. A l'intérieur du corps, les cellules se reproduisent continuellement. Quand l'une d'elles a vécu un certain temps, des modifications se produisent dans son cytoplasme. Bientôt, elle s'amincit au milieu jusqu'à ce qu'il y ait deux cellules, mais chacune a toutes les parties dont elle a besoin pour vivre et fonctionner. Les cellules jumelles ne tardent pas à atteindre la taille de leur « mère » et alors elles se séparent.

Comment s'opère la reproduction ?

La reproduction commence, chez l'homme comme chez l'animal, avec des cellules isolées. Une femelle a, dans son corps, une poche contenant des cellules spéciales, les *ovules*. Un mâle produit lui aussi dans son corps, des cellules spéciales, les *spermatozoïdes*.

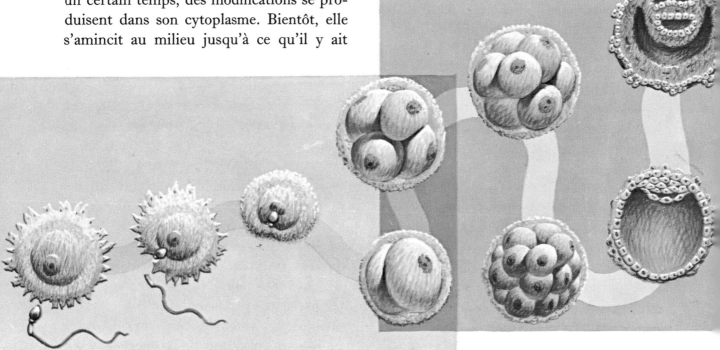

Si un spermatozoïde entre en contact avec un ovule, il est absorbé par ce dernier, et à la suite de cette absorption, l'ovule fertilisé qui prend le nom d'*œuf* commence à se reproduire en se divisant en deux. Cette fragmentation continue jusqu'à ce que l'œuf originel soit devenu des milliers de cellules.

Celles-ci forment alors une boule creuse. Et puis, à mesure que la multiplication se poursuit, un des côtés de la boule s'affaisse vers l'intérieur, créant ainsi un hémisphère à double paroi.

Jusqu'alors les cellules de l'hémisphère semblent avoir été toutes de la même sorte. Mais désormais, tandis que la multiplication se poursuit, des types différents se forment dans les différentes parties de ce nouvel être vivant. En d'autres termes, les

Étapes de la reproduction des êtres humains. Quand un spermatozoïde, cellule mâle, rencontre un ovule, cellule femelle, celui-ci est fertilisé et devient un œuf. Il se développe jusqu'à compter des milliards de cellules qui forment un embryon. C'est le nom donné à l'enfant pendant les premiers mois de son développement dans le corps de la mère. Par la suite, il est appelé fœtus. Le développement complet jusqu'à la naissance dure environ neuf mois. Cette période est dite de gestation ou grossesse.

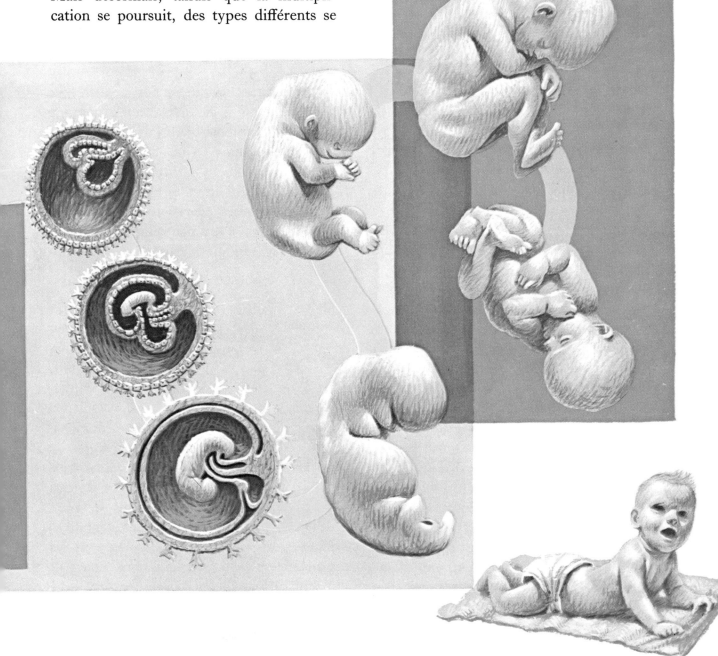

tissus commencent à se constituer. Chez les mammifères, le processus de reproduction dure plusieurs mois et pendant ce temps, ce qui était au début une boule de cellules commence à se différencier pour former les diverses parties du corps de l'animal.

Tous ces phénomènes se produisent à l'intérieur du corps de la mère. La partie de son corps qui contient l'animal en formation s'appelle l'*utérus*. Enfin, le petit se trouve parfaitement constitué par cette reproduction cellulaire continue. Quand ce moment est arrivé, les muscles de l'utérus se contractent et le bébé est expulsé de l'organe maternel — c'est-à-dire qu'il naît.

Chez les humains, il faut un peu plus de neuf mois pour qu'ils reproduisent un nouvel être semblable à eux — un enfant.

VOTRE CORPS ET VOTRE PERSONNE

Pourquoi le corps humain est-il plus qu'une machine ? Vous avez appris à connaître les parties du corps-machine. Quand elles sont toutes assemblées, on n'a pas seulement un corps humain, mais aussi une personne avec son individualité, bien marquée.

Ce qui nous différencie des machines n'est pas une chose que l'on puisse voir au toucher. C'est le fait que nous aimons et que nous voulons être aimés, que nous avons des idées, des projets, des rêves, que nous éprouvons du chagrin, de la pitié — bref que nous nous comportons en êtres humains.

Supposez que vous et un ami soyez affamés et que vous découvriez tout à coup une petite quantité de nourriture. Si vous n'étiez qu'une machine ayant besoin de refaire son plein de combustible, vous mangeriez tous les aliments. Mais comme vous êtes un être humain, en même temps qu'une machine corporelle, vous partagez avec votre ami, même si vous sentez que vous n'avez pas de quoi vous rassasier.

Quand une machine a fait le plein, elle travaille jusqu'à ce qu'elle ait à nouveau besoin de combustible. Non seulement la machine humaine en fait autant, mais elle prévoit le moment où celui-ci viendra à manquer. En d'autres termes, les hommes savent que leurs provisions de nourriture s'épuiseront ; c'est pourquoi ils plantent céréales et légumes, chassent et pêchent.

Qu'est-ce qu'une émotion ? Les êtres humains éprouvent des *émotions*. Ce n'est pas facile de les définir, mais on peut en donner des exemples. L'amour, la haine, la tristesse, la joie, la colère, la tendresse sont des émotions. Tous les hommes ont besoin au moins de certaines d'entre elles. Nous avons tous besoin d'être aimés, de nous sentir un peu importants, nécessaires à d'autres, de vivre de nouvelles expériences. Les tentatives faites pour satisfaire ces besoins sont les principales incitations qui nous poussent à agir comme nous le faisons.

LES SOINS DU CORPS

Nécessité de l'exercice. Nous avons tous besoin d'un peu d'exercice pour garder nos muscles en bon état. Quand nous nous rappelons la place qu'ils tiennent dans notre corps, nous nous rendons compte de l'importance de cet entraînement. Le but de l'exercice, c'est d'amener le cœur à pomper un peu plus vite, ce qui envoie un peu plus de sang dans les capillaires des tissus ; de cette manière, on s'assure que toutes les parties du corps reçoivent leur nourriture et sont débarrassées de leurs déchets. On provoque également des mouvements respiratoires plus profonds qui chassent le gaz carbonique d'alvéoles qui ne sont pas utilisées en temps ordinaire dans les poumons.

Des exercices bien dosés procurent une sensation de bien-être et non de fatigue.

Nécessité du repos. Des exercices trop pénibles ou trop prolongés peuvent provoquer de la fatigue. Elle est causée par les déchets qui s'accumulent dans le corps. Quand les muscles sont continuellement en action, ou crispés, ils produisent plus de déchets que le corps ne peut en éliminer sur-le-champ. Dans ce cas, celui-ci a besoin de se reposer pour rattraper le retard accumulé dans l'expulsion des toxines. Le meilleur repos est le sommeil et il faut prendre bien soin de s'en assurer une quantité suffisante chaque nuit.

Soins de la peau. Il existe de nombreuses maladies de peau, dont certaines sont provoquées par des microbes. D'autres sont dus à des

« Un esprit sain dans un corps sain » Juvénal.

substances qui irritent l'épiderme. Par exemple, les furoncles sont provoqués par l'infection de certaines bactéries communément trouvées sur la peau. Les fongus peuvent aussi provoquer des maladies de peau. Une peau sale et négligée peut arriver à être envahie par des insectes comme les poux.

Une peau bien propre éliminera complètement la possibilité de ces inconvénients, ou du moins diminuera la présence des agents qui les provoquent au point que les fonctions naturelles de protection de l'épiderme suffiront à conjurer ces menaces.

Il faut se laver avec un savon doux au moins une fois par jour et consulter un médecin si une infection ou des excroissances se produisent.

Soins des yeux. Les yeux sont peut-être les plus précieux de nos organes sensoriels. Ils ne doivent pas être exposés à des rayons

lumineux trop intenses. En cas de grand soleil, des lunettes à verres teintés les protègent suffisamment.

Il faut toujours avoir un éclairage assez fort pour lire ou écrire et se reposer de temps en temps les yeux en regardant au loin ou en les fermant quelques instants.

Il ne faut jamais se frotter les yeux avec un linge ou des doigts malpropres, car il pourrait en résulter une infection.

Les yeux doivent être examinés régulièrement, au moins une fois par an et plus en cas de besoin — par un oculiste.

Par-dessus tout, il ne faut jamais essayer de soigner soi-même le moindre mal d'yeux, mais demander le conseil d'un docteur.

Soins des cheveux et des ongles.

Ceux qui ont la peau saine ont sans doute aussi les cheveux et les ongles en bon état. La chevelure ne peut rester propre que si on la lave et en général un bon shampooing par semaine suffit. Mais si elle est particulièrement grasse, il peut être nécessaire de la laver plus souvent. Le brossage stimule souvent la circulation dans le cuir chevelu et aide également à éliminer les poussières, les pellicules et les cheveux cassés.

La plupart du temps, la présence de pellicules n'est pas signe de maladie. La couche superficielle de la peau s'écaille naturellement. Mais si l'épiderme est très gras, très rouge, il peut s'agir d'une sorte de pellicules qui demande les soins d'un médecin.

Si les ongles sont secs et cassent faci-

lement, c'est peut-être que certains éléments manquent à l'alimentation. Un régime bien équilibré fait souvent cesser cet inconvénient.

Soins des oreilles.

Il ne faut jamais enfoncer un objet dur dans le conduit auditif, car il risquerait de crever le tympan. Les glandes de l'oreille sécrètent une substance appelée *cérumen*, dont le rôle est de préserver la souplesse du tympan. Parfois, elles sécrètent trop de cette matière grasse et épaisse qui bouche alors le conduit et gêne l'audition. Si la chose se produit, n'essayez pas de retirer le tampon vous-mêmes, adressez-vous à un docteur.

Les oreilles doivent être lavées au savon et à l'eau en évitant surtout d'y introduire des objets pointus.

Soins des dents.

Les parcelles de nourriture restées dans la bouche après les repas fournissent un terrain favorable au développement des microbes. Ceux-ci sécrètent une substance qui peut dissoudre l'émail des dents, provoquant ainsi des caries. C'est pourquoi, chaque fois que la chose est possible, il faut se brosser les dents après les repas. Ainsi les parcelles de nourriture seront retirées et l'action des microbes ne se développera pas.

Comme il n'est pas toujours possible d'éviter complètement la carie, même avec des soins réguliers, il faut aller voir un dentiste deux ou trois fois par an.

Les soins d'hygiène prennent une importance particulière quand nous nous rappelons qu'une bonne santé dépend en grande partie d'un corps qui fonctionne normalement.

Bonne santé à tous !

IMPRIMÉ EN BELGIQUE